sobinfluencia edições

Coordenação editorial:
Fabiana Vieira Gibim, Rodrigo Corrêa,
Gustavo Racy e Alex Peguinelli

Organização e tradução:
Gustavo Racy

Preparação:
Alex Peguinelli

Revisão:
Fabiana Vieira Gibim

Projeto gráfico:
Rodrigo Corrêa

sobinfluencia.com
sobinfluenciaedicoes@gmail.com

walter benjamin está morto

organização gustavo racy

Arte

Política

Walter Benjamin está morto

O legado antifascista de Walter Benjamin

Uma face genuinamente messiânica
deve ser restaurada ao conceito
de sociedade sem classes

– Walter Benjamin

Apresentação

Prof. Dr. Stéphane Symons[1]

[1] Professor Doutor de Estética e Filosofia da Cultura do Centro de Metafísica, Filosofia da Religião e Filosofia da Cultura, do Instituto de Filosofia da Universidade Católica de Leuven (KU Leuven), Bélgica. Stéphane Symons é especialista no pensamento de Walter Benjamin. É autor de, entre outros, "Walter Benjamin. Presence of Mind, Failure to Comprehend" (Brill, 2012) e "More than Life. Georg Simmel and Walter Benjamin on Art" (Northwestern U. Press, 2017), e organizador de "The Marriage of Aesthetics and Ethics" (Brill, 2015) e "Walter Benjamin and Theology" (Fordham U. Press, 2016).

Walter Benjamin havia claramente chegado ao fundo do poço quando, em 5 de maio de 1940, escreveu ao autor e colecionador de arte Stephan Lackner. Benjamin estava preso em Paris fugindo dos nazistas, isolado da maioria dos amigos e familiares, sofria de uma condição cardíaca séria e estava completamente sem dinheiro. Na carta, que foi comovidamente escrita em francês, Benjamin pede apoio financeiro a Lackner. Mas ele também menciona um importante projeto intelectual que o mantinha produtivo a despeito dos tempos: « *J'ai terminé un petit essai sur le concept d'histoire, un travail inspiré non seulement par la nouvelle guerre mais par l'expérience entière d'une génération qui aura été une des plus éprouvées que l'histoire a jamais connue* »[2]. Este *petit essai* se tornará

[2] "Eu terminei um pequeno ensaio sobre o conceito de história. Um trabalho inspirado não só pela presente guerra, mas pela experiência inteira de uma geração que terá sido uma das mais testadas jamais conhecidas pela história" (Nota do Tradutor).

um dos textos mais influentes e lendários do Século XX: as teses *Sobre o Conceito de História*, das quais os paralipômenos estão incluídos nesta organização.

O que chama a atenção na carta de Benjamin a Lackner é, primeiramente, sua infamiliar habilidade de prever a desgraça iminente. A vida de Lackner continuaria por mais seis décadas, terminando sob o céu ensolarado da Califórnia em 2000, mas Benjamin cometeria suicídio em uma cidade fronteiriça da Espanha menos de seis meses após ter contatado o amigo. Mais surpreendente que isso, entretanto, é a inflexão que serve de recurso a Benjamin em sua carta: sua geração não simplesmente *será* a geração mais atentada da história, mas *terá sido*. O uso do tempo verbal *futur antérieur* da língua francesa é revelador, uma vez que formaliza a intuição fundamental com a qual Benjamin encerra os paralipômenos: "Vislumbrar a eternidade dos eventos históricos significa apreciar a eternidade de sua transitoriedade". Aos olhos de Benjamin, não só perdemos nosso passado, mas corremos o risco de que mesmo o futuro nos seja expropriado. Quando não há nada que garanta a sobrevivência das coisas, o *futur antérieur* é, de fato, o único modo preciso de vislumbrar o curso do tempo.

Inevitavelmente, a "transitoriedade eterna" tem seu impacto no "encontro secreto [...] marcado entre as gerações passadas e a nossa" (Tese II), que Benjamin famosamente elencou em *Sobre o Conceito de História*. Por conta do "fraco poder messiânico" que sobrevive no presente, somos capazes de mantermos vivos os sonhos e desejos utópicos que uma vez as gerações anteriores partilharam. Entretanto, dado que todos os fenômenos temporais são transitórios, este "acordo secreto" não se dá por conta própria. A sobrevivência da antiga promessa de uma sociedade justa e equitativa depende de uma "tarefa" específica: de acordo com Benjamin, é nosso dever construir as "imagens" necessárias que "escovam a história à contrapelo". Estas imagens recuperam o potencial revolucionário de eventos passados, independentemente do quão vãs elas possam ter se mostrado.

O ensaio mais longo desta organização, o ensaio sobre o historiador e antropólogo suíço Johann Jakob Bachofen, é um exemplo do fascínio de Benjamin com os "caminhos não tomados" pela história. É através de Bachofen que Benjamin conectará a organização matriarcal de algumas sociedades há muito desaparecidas com um desejo profundo por uma democracia genuína e por uma equidade cívica. Bachofen era "dotado de um entendimento excepcional do mundo ctônico", que falhou em se materializar verdadeiramente, mas cujo potencial revolucionário jamais desapareceu de todo. Assim, ideais utópicos devem ser reinventados, uma e outra vez, pelos historiadores que "se nutrem da visão dos ancestrais escravizados e não do ideal dos descendentes libertados" (Tese XII). Ao invés de reproduzir um evento "da forma que realmente se deu", as "imagens dialéticas" do historiador se referem às possibilidades nunca atualizadas que retumbavam no passado. Deste modo, tais imagens também chegam ao presente e ao futuro com uma importância vital, pois denunciam as deficiências do último, enquanto iluminam a abertura estrutural do primeiro.

A reconstrução da filosofia da história de Benjamin é um dos fios conceituais que correm através do presente volume. Em alguns dos fragmentos iniciais, traduzidos aqui em português pela primeira vez, a organização enfatiza a importância dos "construtos que carregam a mais profunda afinidade com a filosofia". Em outras palavras, como o historiador, o filósofo não deve simplesmente refletir ou reproduzir, mas criar e produzir. A tarefa do filósofo consiste em trazer imagens e ideais de forma ativa, nos permitindo desafiar o status quo e imaginar uma sociedade radicalmente diferente. Aos olhos do jovem Benjamin, esta força única está alocada primeiramente nas obras de arte. Como "irmãs" do pensamento filosófico, as obras de arte contêm camadas de verdade e expressividade que excedem em muito a intenção de seus autores ou a situação em que foram criadas. Deste modo, Benjamin enquadra a filosofia como a "crítica" que desnuda o potencial surpreendente de uma obra de arte para falar do presente, semelhante às "imagens dialéticas" do historiador que se volta ao passado para tornar o presente "legível": "Deveríamos [...] investigar qual aspecto da obra [...] realmente parece mais evidente a gerações posteriores do que àquelas contemporâneas". Nestes textos, a conexão platônica entre verdade e beleza conforma a espinha dorsal da crítica. É a harmonia e união interna da obra de arte que nos atraem, demandando um exame mais aprofundado.

Da década de 1930 adiante, o interesse de Benjamin pela beleza como a "manifestação do ideal do problema filosófico", se retrairá a favor de uma análise do poder do cinema e da fotografia em "distrair" o observador. Surpreendentemente, Benjamin configura a distração não como uma falta de atenção, mas como uma renovada "presença da mente". A beleza, a unidade ou a harmonia de uma obra de arte são, agora, denunciadas primeiramente como o signo de uma despolitização nefasta, pois são vistas como um convite a uma contemplação e uma absorção passivas. Por isso, Benjamin é atraído em direção às obras mecanicamente produzidas e reproduzidas, uma vez que elas são fragmentadas e móveis. Pareada à "destruição", a distração trazida pela fotografia e pelo cinema é uma resposta imediata e fisiológica que nos pega sem defesas. Exatamente por essa razão, entretanto, obras de artes produzidas e reproduzidas tecnicamente são consideradas capazes de aguçar nossa atenção e nos pôr em movimento.

Nos anos finais da vida de Benjamin, a descrição da filosofia como crítica se tornou ainda mais urgente. O fragmento sobre Chaplin é um exemplo muito intrigante da ideia de que a análise filosófica pode trazer à tona a força política escondida de uma obra de arte. Em 1934, seis anos antes da produção de *The Great Dictator* (o filme será lançado menos de três semanas após seu suicídio), Benjamin já chama a atenção para semelhança infamiliar entre o Vagabundo e Hitler. Em sua interpretação, o Vagabundo é um substituto da burguesia empobrecida. Na falta de uma compreensão clara das causas verdadeiras por trás de seu declínio socioeconômico, a burguesia é exatamente a classe que sucumbe facilmente às mentiras e falsas esperanças do fascismo. Não só, a afirmação de que "cada polegada de Chaplin pode produzir o Führer", explora ainda mais a ideia de que os poderes destrutivos da distração podem ter um efeito crítico e político. O modo de atuação de Chaplin, cambaleante, desfaz a unidade interna e a espontaneidade dos movimentos corporais. Essa aparente falta de vida não deveria ser lida como mera imitação dos gestos exagerados de Hitler. Ao contrário, de acordo com Benjamin, sua mecanicidade serve ao desencantamento e à demolição do status quase divino dos líderes totalitários: "Chaplin mostra a comédia da gravidade de Hitler".

Em 4 de maio de 1990, cinquenta anos após o uso feito por Benjamin do *futur antérieur* para se endereçar a Stephan Lackner, o canal de rádio suíço DRS 2, difundiu uma entrevista com o novelista e ensaísta teuto-inglês W. G. Sebald. Profundamente influenciado pelos textos de Benjamin, Sebald descreve seu próprio trabalho como uma "tentativa de trazer o passado de volta à vida": "*Wir wollen das, was abgeschoben, relegiert, abgestorben ist, noch mal leben lassen*"[3]. Como Benjamin, Sebald enfatiza que tal empreitada não é de modo algum motivada pelo "sentimento de que o passado era melhor". Ao contrário, a única razão pela qual o passado merece nossa atenção, é a de que "ele, no mínimo, não é nosso presente". A tarefa do historiador, do artista e do filósofo é, portanto, não somente a de salvar o passado *para* o presente, mas, do mesmo modo, salvá-lo *do* presente. Os fragmentos reunidos nesta organização nos mostram, talvez, que nos enganamos desde sempre. Talvez 2500 anos de pensamento ocidental nos levaram a acreditar que a filosofia se origina da ponderação acerca dos infinitos mistérios do mundo, enquanto o mundo é, na verdade, aquilo que deve ser *transformado*. Quando, em algumas das páginas mais densas deste livro, Benjamin escreve que "a unidade da filosofia[...] é de uma ordem superior ao número infinito de questões que possam ser feitas", ele desfaz alguns de nossos mitos mais preciosos. Na visão de Benjamin, o pensamento filosófico permanece a todo momento dependente de algo que é muito mais prosaico que o sentido de maravilhamento de Platão: os "artifícios" produzidos pela imaginação humana. Ao trazer, então, imagens e ideais que renovam nosso comprometimento com o presente, a filosofia provavelmen-

[3] Nós queremos que aquilo quė foi apagado, relegado e morto possa novamente viver (N. d.T.).

te não tem muito a dizer sobre os mistérios universais e eternos da existência, mas ela nos permite "ler aquilo que nunca foi escrito" e, assim, restaurar nossa crença na mudança.

Teoria do conhecimento

Percepção é leitura

Na percepção [*Wahrnehmung*], o útil (o bem) é verdadeiro[1]. Pragmatismo. A loucura é uma forma de percepção alheia à comunidade/A acusação de loucura contra os grandes reformadores científicos. Inabilidade da multidão em distinguir entre o conhecimento e a percepção. A percepção se refere a símbolos/O antigo tratamento da loucura.

<fr. 16>

---

[1] Benjamin atenta, aqui, para a etimologia da palavra "percepção" em alemão [*Wahrnehmung*], composta pelo radical *nehmen* (tomar), pelo prefixo *Wahr-* (verdade) e pelo sufixo *-ung*, implicando movimento. Em alemão, portanto, a percepção é um "movimento de tomada da verdade" (Nota do Tradutor).

Sobre a Percepção em Si

Percepção é leitura.

Somente a superfície[2] [*Erscheinendes*] é legível.

<...>

A área da configuração é o contexto absoluto

<fr. 17>

[2] *Erscheinen* significa, correntemente, "aparecer". Escolhemos traduzir *Erscheinendes* como "superfície" para invocar o caráter táctil do pensamento de Benjamin. Mais do que "aparecer", trata-se da coisa como matéria. O que é legível não é só aquilo que aparece, mas que o faz enquanto dotado de uma forma que é, eminentemente, dada pela sua superfície (N. d. T.).

Sobre a percepção

1. Experiência e Conhecimento [*Erfahrung und Erkenntnis*]

É possível reter as mais altas determinantes do conhecimento estabelecidas por Kant ao mesmo tempo em que se contradiz sua visão sobre a estrutura de nosso conhecimento da natureza ou da experiência. Estas altas determinantes do conhecimento se baseiam no sistema das categorias. É bem sabido, entretanto, que Kant não propôs estas determinantes isoladamente, fazendo a validade das categorias de experiência da natureza dependentes do tempo e do espaço. É nesta declaração de dependência que se fundamenta a oposição kantiana à metafísica. A asserção de que a metafísica é possível pode ter pelo menos três significados, dos quais Kant defende um, enquanto desafia os dois outros. Kant produziu uma metafísica da natureza na qual descreveu a parte pura das ciências naturais, isto é, aquela que procede não da experiência, mas da razão *a priori*. Em outras palavras, o conhecimento declara a si mesmo como o sistema da natureza, explorando aquilo que pertence ao conceito da existência de coisas gerais ou particulares. Neste sentido, a *metafísica* da natureza pode ser descrita como a constituinte *a priori* dos objetos naturais com base nas determinantes do conhecimento da natureza em geral. Essa visão da metafísica pode facilmente colapsar no conceito de experiência, um abismo que Kant temia acima de tudo. Em primeiro lugar, ele tentou evitar tal colapso garantindo a certeza de nosso conhecimento da natureza e, acima de tudo, assegurando a integridade da ética. Seu método consistia não só em relacionar todo o conhecimento da natureza, mas a metafísica da natureza ao espaço e ao tempo como conceitos constitutivos, distinguindo estes conceitos das categorias de forma absoluta. Isso significa que desde o início ele evitou um centro epistemológico unificado, cuja todo-poderosa força gravitacional poderia ter sugado para si a experiência em sua totalidade. Por outro lado, isto criou a necessidade natural de uma base para a experiência *a posteriori*, ou seja, para a continuidade do conhecimento e da experiência. Caso contrário, a conexão entre eles seria interrompida. Kant postulou o assim chamado "material da sensação" para expressar a separação entre as formas de intuição e as categorias. Este "material da sensação" foi artificialmente distanciado do centro de animação das categorias pelas formas de intuição nas quais era imperfeitamente absorvido. Neste sentido, Kant atingiu a separação entre a metafísica e a experiência ou, usando seus próprios termos, entre o conhecimento puro e a experiência.

O medo de um conceito exagerado de razão e do excesso de um conceito de entendimento que cessara de se fundamentar numa intuição efetiva, bem como a preocupação com a identidade separada do conhecimento moral não eram somente, talvez, fatores influenciando a confiança básica na crítica da percepção. Adicionalmente, seja como elemento poderoso destes fatores ou como seu resultado, devemos notar a rejeição decisiva de Kant em relação ao terceiro conceito de metafísica (se de fato o segundo é a aplicação irrestrita das categorias, isto é, aquilo que Kant denomina como seu uso transcendental). Este terceiro conceito de possibilidade da metafísica é aquele da *dedutibilidade* do mundo por meio do princípio (ou nexo), supremo do conhecimento; em outras palavras, o conceito de "conhecimento especulativo" no sentido preciso do termo. É notável que nos, interesses do apriorismo e da lógica, Kant discirna uma aguda descontinuidade no mesmo ponto em que, pelos mesmos motivos, os filósofos pré-kantianos procuraram estabelecer a continuidade e a unidade mais próximas possíveis, quais sejam, a de criar a mais próxima conexão possível entre conhecimento e experiência através de uma dedução especulativa do mundo. O conceito de experiência que Kant relaciona ao conhecimento, sem jamais postular uma continuidade, não tem nada de semelhante ao escopo daqueles pensadores antecedentes. O que conta, para ele, é o conceito de experiência científica. Mesmo isso ele se esforçou para separar o máximo possível do significado usual de experiência e, em parte, como isso só era possível até certo grau, para distanciar do centro de nosso entendimento do conhecimento. Mais do que isso, estas duas definições fundamentalmente negativas do conceito de "experiência científica" tiveram que ser satisfeitas pela teoria do apriorismo das duas formas de *intuição* opostas ao apriorismo das categorias e, assim, ao apriorismo daquelas outras formas de intuição ilusórias [*scheinbaren*].

Presumivelmente, o interesse de Kant em dar cabo aos voos inúteis da fantasia foi alcançado por outros meios que não a teoria da Estética Transcendental. Em contraste, muito mais importante e muito mais difícil, é a questão de sua posição perante o conhecimento especulativo. Pois, a esse respeito, o argumento da Estética Transcendental é, de fato, uma pedra no caminho que confronta todo desenvolvimento do idealismo transcendental da experiência como idealismo especulativo. Qual era a razão da resistência de Kant à ideia de uma metafísica especulativa, isto é, uma metafísica na qual o conceito de conhecimento poderia ser atingido por um processo de dedução? A questão é mais justificável uma vez que os esforços da escola neo-kantiana se direcionam à abolição da distinção estrita entre as formas de intuição e as categorias. Porém, com a eliminação daquela distinção, começamos a discernir os contornos de um desenvolvimento da filosofia transcendental da experiência em direção a uma filosofia transcendental, ou especulativa, caso entendamos por "filosofia especulativa" uma filosofia na qual o todo do conhecimento é deduzido de seus primeiros princípios. Podemos, talvez, ousar a suposição de que, numa época em que a experiência era caracterizada por uma superficialidade e um ateísmo extremos, a filosofia, se devidamente honesta, não teria interesse algum em escavar tal experiência à procura de seu conceito. Reconhecidamente, a metafísica especulativa anterior a Kant confundira dois conceitos de experiência. Mas não é verdade que Espinoza, induzido por esta confusão, foi levado a desenvolver um interesse urgente na dedutibilidade da experiência, por exemplo, enquanto Kant era levado a rejeitá-la por essa mesma confusão. A distinção que deve ser feita é aquela entre o conceito imediato e natural de experiência e o conceito de experiência no contexto do conhecimento. Em outras palavras, a confusão surgiu por colocar em conflito os conceitos de "experiência" [*Erfahrung*] e de "conhecimento da experiência" [*Erkenntnis der Erfahrung*]. Para o conceito de conhecimento, a experiência não é nada de novo ou a ele alienado, mas ele mesmo em forma diferente; a experiência como objeto do conhecimento é a multiplicidade unificada e contínua do conhecimento. Paradoxal quanto soe, a experiência não ocorre como tal no conhecimento da experiência, simplesmente porque isto é o conhecimento da experiência e, portanto, um contexto do conhecimento. A experiência, no entanto, é o símbolo deste contexto do conhecimento e, assim, pertence a uma ordem completamente diferente de coisas do que o conhecimento ele mesmo. O termo "símbolo" pode ser uma escolha infeliz; ele é empregado aqui simplesmente para apontar para diferentes reinos conceituais. Isto pode ser talvez elucidado da melhor forma por meio de uma imagem: se um pintor se senta perante uma paisagem e a "copia" (como dizemos), a paisagem ela mesma não ocorre na pintura; poderia no máximo ser descrita como o símbolo de um contexto artístico. Claro que, ao designá-lo deste modo, o outorgamos com uma dignidade maior do que a própria pintura e isto também é perfeitamente justificável. / A confusão pré-kantiana entre a experiência e o conhecimento da experiência também domina o pensamento de Kant, mas a imagem geral do mundo em seu tempo havia mudado. Anteriormente, o símbolo da unidade do conhecimento que conhecemos como "experiência" era exaltado; havia sido (ainda que em diferentes graus) aproximado a Deus e ao divino. Durante o Iluminismo, entretanto, este símbolo foi progressivamente despido de sua proximidade a Deus. Nesta situação o interesse filosófico básico na dedutibilidade lógica do mundo, o interesse fundamental do conhecimento, sofreu inevitavelmente por conta da supramencionada confusão entre "experiência" e "conhecimento da experiência". Não havia mais interesse na necessidade do mundo. Ao invés disso, os filósofos se preocupavam agora com o escrutínio de sua natureza contingente; sua não dedutibilidade, uma vez que eram confrontados com uma experiência privada de Deus à qual eles enganosamente imaginaram que os filósofos anteriores haviam chegado (ou desejaram haver chegado), por meio de um processo de dedução. Eles falharam em inquirir com que tipo de "experiência" lidavam; uma experiência que poderia ter sido alcançada somente por meio da dedução caso fosse uma forma de conhecimento. Kant foi tão ignorante quanto seus predecessores na distinção entre "experiência" e "conhecimento da experiência". Mas ele esteve atento ao abandonar a dedução daquela "experiência vazia e sem Deus", posto que ela não oferecia mais nada de interessante. Do mesmo modo que, apesar de todos os esforços dos filósofos, mesmo a mais divina experiência não pode, então ou jamais, ser alcançada por um processo de dedução, e porque Kant não tinha desejo algum em alcançar aquela experiência vazia por meio do processo de dedução, ele também declarou que a experiência como conhecimento jamais poderia ser alcançada por meios dedutivos. Isto torna claro o fato de que tudo depende do modo pelo qual o conceito de "experiência" no termo "conhecimento da experiência", é relacionado à "experiência" no sentido comum. O primeiro ponto a ser feito é que este uso linguístico não é um erro. Isto significa que a "experiência" que experienciamos na realidade é idêntica àquela que conhecemos em nosso conhecimento da experiência. Se assim for, devemos nos perguntar também o seguinte: Como devemos definir esta identidade da experiência em ambas as instâncias? E por que tratamos as duas situações de modos diferentes na medida e que experienciamos a identidade, no caso da experiência, mas a deduzimos, no caso do conhecimento?

A filosofia é a experiência absoluta deduzida como linguagem num conjunto sistemático simbólico.

A experiência absoluta é, do ponto de vista [*Anschauung*] da filosofia, linguagem – linguagem compreendida, entretanto, como conceito sistemático-simbólico. É articulada em tipos de linguagem, um dos quais é a percepção. Doutrinas de percepção, assim como todas as manifestações não mediadas [*unmittelbaren*] de experiência absoluta, pertencem ao sentido mais amplo das "ciências filosóficas". A filosofia como um todo, incluindo as ciências filosóficas, é aprendizado.

Nota: Saber significa ser no Ser do conhecimento.

<fr.19>

Teoria da distração

Teoria da distração [*Zerstreuung*].
Tentativa de determinar o efeito da obra de arte, uma vez que seu poder de consagração foi eliminado.

Existência parasítica da arte baseada no sagrado.

Em sua preocupação com o valor educacional [*Lerwert*], "O Autor como Produtor"[3] ignora o valor de consumo [*Konsumwert*].

A obra de arte é mais suscetível a se tornar gasta pelo cinema (filme).

A moda é um fator indispensável na aceleração do processo pelo qual a obra se torna gasta.

---

[3] Texto redigido por Walter Benjamin em 1934 como uma palestra que seria proferida no Instituto de Estudos do Fascismo de Paris. Publicado no Brasil em *Magia e Técnica, Arte e Política, Obras Escolhidas, vol. I*. São Paulo: Editora Brasiliense, 1996 (Nota do Organizador).

Os valores da distração devem ser definidos em relação ao filme assim como os valores da catarse [*Katharsis*] se definem em relação à tragédia.

A distração, como a catarse, deve ser concebida como um fenômeno fisiológico.

Distração e catarse como as faces subjetiva e objetiva, respectivamente, de um mesmo processo.

A relação entre a distração e a incorporação [*Einverleibung*] deve ser examinada.

A sobrevivência das obras de arte deve ser representada a partir do ponto de sua luta por existência.

Sua verdadeira humanidade consiste em sua adaptabilidade ilimitada.

O critério para se julgar a frutificação de seu efeito[4] é a comunicabilidade deste mesmo efeito.

O valor educacional e o valor de consumo da arte podem convergir em certos casos excepcionais (como em Brecht), mas geralmente eles não coincidem.

Os Gregos detinham somente uma forma de reprodução (mecânica): a moeda.

Eles não podiam reproduzir suas obras de arte. Portanto, estas deveriam ser duradouras. Arte eterna.

Assim como a arte dos Gregos era movida pela durabilidade, a arte do presente é movida por seu esgotamento.

[4] Isto é, da obra de arte (N. d. T).

Isto pode acontecer de duas formas diferentes: pelo consentimento da obra de arte à moda, ou pela sua refuncionalização [*Umfunktionierung*] na política.

Reprodutibilidade – distração – politização.

O valor educacional e o valor de consumo convergem tornando possível uma nova forma de aprendizado.

A arte entra em contato com a mercadoria; a mercadoria entra em contato com a arte.

Druckvorlage: Bibliothèque Nationale, a.a.O., folha [22]

Tudo é pensamento

Tudo é pensamento [*gedacht*]. Nossa tarefa é promover uma parada em cada um destes pequenos e variados pensamentos. Pernoitar em um pensamento. Uma vez que faço isso eu sei algo sobre o pensamento num sentido em que seu originador nunca sonhou.

<fr. 169>

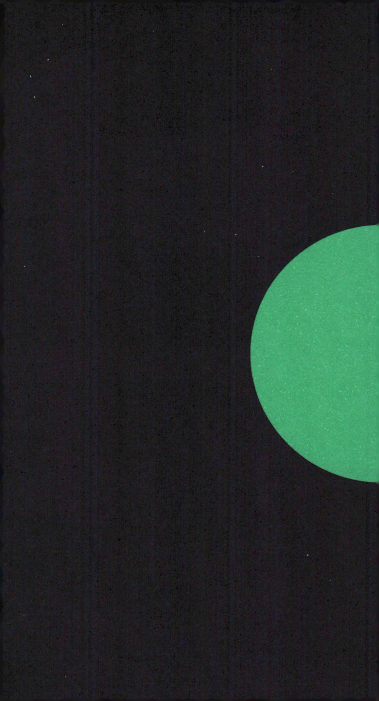

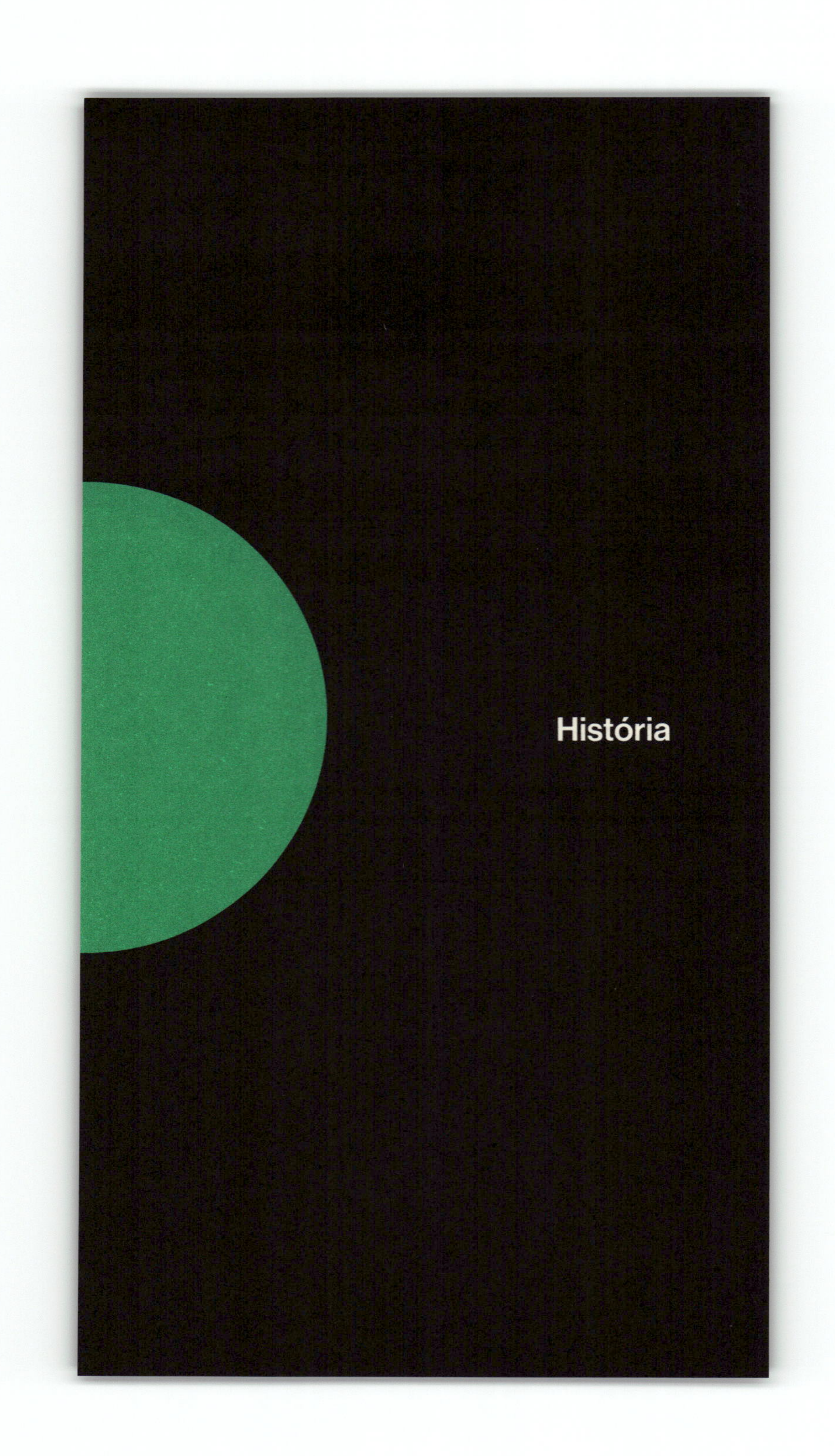
História

Tipos de história

História Natural	Cosmogonia
História universal[5]	Estágios de desenvolvimento dos fenômenos
História divina	Causalidade linear do ponto de vista no qual: História universal se torna história da criação/ História universal se torna revelação.

[5] Benjamin utiliza o termo *Weltgeschichte*, comumente traduzido, em diversas línguas, como "história universal". Este termo não deixa de ter uma implicação complicada, pois perde a referência original de uma história do mundo, compreendido como sistema humano e não, precisamente, do universo, como se fosse uma história de tudo tal qual uma história de tudo. Escolhemos manter o termo "história universal" por convenção (N. d. T.).

A história natural existe somente como cosmogonia ou como história da criação. A concepção de Herder[6] sobre a história natural, vista de um ponto de vista terreno, é errônea; mas a Terra é, em si, um indivíduo da história *universal*[7] pelo fato de seres humanos nela habitarem.

A correspondência entre fenômenos é válida não só para o cosmos como também para a natureza terrestre (para a qual a correspondência com a história universal também é relevante), assim como para o *anthropos* como fenômeno (como ser sexual, por exemplo), até os limites da história.

A história natural não alcança a espécie humana mais do que a história universal; ela conhece somente o indivíduo. O homem não é nem um fenômeno, nem um efeito, mas um ser criado.

<fr. 66>

---

[6] Johann Gottfried von Herder (1744-1803). Filósofo, teólogo, poeta e crítico literário alemão, associado à *Sturm und Drang* (Tempestade e Ímpeto), movimento proto-romântico alemão, e também ao Classicismo de Weimar, que, posteriormente, sintetizou ideias do Romantismo em nova forma (N. d. O.).

[7] Aqui o termo empregado por Benjamin é *weltgeschichtliches*, isto é, "histórico do mundo". Novamente, mantemos a convenção do termo "história universal", mas atentamos o leitor para a implicação do termo em alemão: a Terra como elemento histórico do mundo porque compreendida, enquanto "Terra", pela humanidade que a habita. Esta compreensão diferencia o reino da História Natural daquela Humana, isto é, do mundo, ou "universal" (N. d. T.).

Johann Jakob Bachofen[8]

I.

Profecias científicas existem. Podemos facilmente distingui-las das predições científicas, que anteveem eventos exatos na ordem natural, por exemplo, ou naquelas econômicas. Profecias científicas merecem esse nome quando um sentido mais ou menos pronunciado das coisas por vir, inspira a pesquisa que, em si mesma, dificilmente vai além das preocupações gerais da ciência. Assim, essas profecias dormitam em estudos especializados, inacessíveis ao público em geral e a maioria de seus atores nem mesmo são conta-

[8] Johann Jakob Bachofen (22/12/1815 - 25/11/1887), foi um antiquário, filólogo, jurista e antropólogo suíço, professor de Direito Romano na Universidade da Basileia e precursor dos estudos sobre o matriarcado nas sociedades antigas (N.d.T.).

dos como precursores, seja em seus próprios olhos seja aos da posteridade. Raramente, e tardiamente, a fama chega para eles, exatamente como aconteceu com Bachofen.

Figuras assim não faltam a nenhum movimento intelectual, nem mesmo os movimentos mais recentes, que preferem proclamar suas afinidades literárias e artísticas ao invés de seus precursores científicos. Pense na emergência do expressionismo, que não perdeu tempo algum para listar antecedentes artísticos, como Grünewald e El Greco, ou padrinhos literários, como Marlowe e Lenz. Mas quem se lembrou de que, na virada do século, por meio de um estudo metodológico que nunca foi além das fronteiras de suas disciplinas, dois acadêmicos vienenses formularam os mesmo valores visuais que, mais ou menos uma década depois, inspirariam os mais audaciosos aderentes do expressionismo antes mesmo do termo ser cunhado? Um desses acadêmicos foi Alois Riegl, que, em seu livro sobre a indústria artística da era Romana tardia (*Die spätrömishce Kunst-Industrie*), refutou o suposto barbarismo artístico da época de Constantino, o Grande. O outro foi Franz Wickhoff, quem, com sua edição de *Vienna Genesis*, chamou atenção para os primeiros miniaturistas medievais, para os quais o expressionismo criaria uma enorme tendência.

Deve-se ter estes exemplos em mente se queremos entender a recente descoberta de Bachofen. Muito antes que símbolos arcaicos, devoção e mágica funerárias e ritos de fertilidade ganhassem a atenção não só de exploradores da mente primitiva mas de psicólogos freudianos e mesmo do mundo literário em geral, um acadêmico suíço havia esboçado uma figuração da pré-história que varria tudo aquilo que o senso-comum do século XIX havia imaginado sobre as origens da sociedade e da religião. Pautando forças irracionais em seus sentidos metafísico e cívico, essa figuração seria, um dia, de sumo interesse para os teóricos fascistas, mas apelou muito menos aos pensadores marxistas através de sua invocação de uma sociedade comunista na aurora da história. Assim, em anos recentes, o lado profético da obra de Bachofen que, por toda sua vida e além, foi visto meramente como um acadêmico razoavelmente confiável, foi revelado. Como um vulcão, cujo portentoso cume foi elevado por forças subterrâneas depois de muito tempo dormentes, por meio século sua obra ofereceu um espetáculo imponente, mas sombrio, até que uma nova manifestação das forças que a engendraram mudou sua aparência e atraiu nova curiosidade.

II.

Quando seu *Versuch über die Gräbersymbolik der Alten* (Ensaio Sobre o Simbolismo Mortuário Antigo), apareceu na Basileia em 1859, Bachofen já não estava em início de carreira. Na dezena de seus trabalhos precedentes, entretanto, cerca de trinta páginas, apenas, testemunhavam os interesses que, a partir de então, se afirmariam de forma imperiosa. Até aquele ponto, o autor deste ensaio arqueológico lidara somente com questões de lei e história Romanas; Bachofen nem mesmo era arqueólogo de formação. Não foram nem seus estudos nem seus conhecidos que o levaram a um caminho que ele jamais deixaria, mas um ponto de virada em sua vida de viajante solitário. Ele alude a esse ponto nas palavras iniciais de seu livro. Rememorando a descoberta de um columbário antigo em 1838, ele conta sobre a visita que fizera ao sítio quatro anos depois:

> A impressão que a vista deste local de repouso eterno causou em mim foi profunda, uma vez que, com duas exceções [...] eu não conhecia sítios semelhantes... A estas visitas eu devo meu impulso inicial de estudar o mundo das tumbas antigas – um impulso que me fez retornar à Itália duas vezes desde então. E novos exemplos foram encontrados na Grécia... A passagem os séculos e tudo que ela traz com ela deixou poucos traços nas tumbas e em seus cultos... O significado poderoso que as tumbas antigas tomam através de sua imutabilidade é ainda mais elevado pelo que elas revelam sobre os aspectos mais finos da mentalidade antiga. Se outras partes da história da cultura antiga podem estimular nosso pensamento, o estudo de tumbas, entretanto, alcança mais fundo as profundezas de nossos corações, não só aumentando nosso conhecimento, mas atingindo aspirações mais profundas. Tanto quanto

pude, registrei este aspecto das tumbas invocando os pensamentos que, na plenitude e majestade destes lugares de morte, podem ser alcançados por símbolos, mas não por palavras.

O método de suas investigações foi, assim, estabelecido desde o início: consiste em atribuir ao símbolo um papel básico na vida e pensamento antigos. "O que é importante – escreveu Bachofen mais tarde em *Der Bär in den Religionen des Altertums* (O Urso nas Religiões da Antiguidade) – é figurar cada símbolo isoladamente. Mesmo que ele se torne, um dia, um mero atributo, sua origem mostra que ele é autossuficiente e que possui, portanto, um significado preciso. Consequentemente, deve-se examiná-lo como tal; seu uso no culto e sua atribuição a várias deidades deveria ser visto como secundário". Estes comentários se referem à religião, mas, *a fortiori*, toda contribuição de Bachofen ao conhecimento da arte antiga é baseada em sua ideia de símbolo. Podemos associá-lo a Winckelmann pela afirmação de que este o iniciou no "prestígio mudo da imagem". Entretanto, quão alienado Winckelmann permaneceu do mundo dos símbolos! "Pode ser – ele escreveu um dia – que um século se passe antes que um alemão refaça o caminho que eu segui e sinta as coisas como eu as senti". Se essa profecia foi cumprida por Bachofen, isto se deu da forma mais inesperada.

III.

Bernoulli acertou em uma formulação particularmente feliz ao falar do *chiaroscuro* que preenche a pesquisa de Bachofen. É possível que nos sintamos tentados a explicar isto pelo declínio do Romantismo, cujas últimas manifestações lutavam com os primeiros burburinhos do positivismo – uma situação para a qual a filosofia de Lotze[9] oferece um relampejo vívido. Contudo, o comentário de Bernoulli parece convidar a uma interpretação diferente. Pois, por mais vastas e meticulosas que possam ter sido as demonstrações de Bachofen, nada nelas se assemelha a procedimentos positivistas. O chiaroscuro que o leitor aqui encontra é, antes, aquele que reina na caverna de Platão, cujas paredes trazem os contornos das Ideias Platônicas, ou aqueles produzidos pelo fraco brilho iluminando o reino de Plutão. Na realidade, há um elemento de cada, pois o culto da morte, que dotava de significado espiritual os assuntos preferidos de Bachofen, imbuia a imagem inteira da antiguidade e, em seus escritos, as ideias mitológicas evoluem tão majestosas e descoloridas quanto sombras.

O que é verdade sobre essas ideias, ainda mais, é verdade sobre as necrópoles romanas,

---

[9] Rudolf Hermann Lotze (1817-1881). Filósofo e lógico alemão, também treinado em biologia. Foi um pioneiro no estudo da psicologia científica e autor de um extenso tratado de filosofia sistemática em quatro volumes (N. d. T.).

acerca das quais Bachofen cunhou esta frase emblemática: "Quem se aproxima delas, crê as descobrir". Daí a formulação *die unbeweinte Schöpfung*, que desafia qualquer tradução: criação cujo desaparecimento não se segue de lamento. Ela surge da matéria própria, mas a palavra *Stoff* [matéria, estofo, coisa], sugere um material adornado, denso, aglomerado. Ela é o agente da promiscuidade geral que caracterizava a mais antiga comunidade humana com sua constituição hetaírica[10]. E desta promiscuidade nem mesmo a vida e a morte eram isentas; elas se misturavam em constelações efêmeras de acordo com o ritmo que governava toda a criação. Deste modo, nesta ordem imemorial, a morte não sugere, de modo algum, uma destruição violenta, pois a Antiguidade a considera sempre numa relação de vantagem, ou pelo menos numa relação íntima, com a vida. Bachofen concordava completamente com o espírito dialético que informava tal concepção. Pode-se mesmo dizer que para ele a morte era a chave para todo conhecimento, reconciliando princípios antitéticos em um movimento dialético. Em última análise, este movimento é um mediador prudente entre a natureza e a história: o que se tornou histórico pela morte se reverte, ultimamente, ao domínio da natureza;

[10] Relativo à figura de Hetaira (ou Hetera). Na Grécia Antiga, hetairas eram mulheres que, além do sexo, ofereciam serviços de companhia e intercâmbio intelectual, frequentemente desenvolvendo relações duradouras com seus clientes. O nome provavelmente deriva de um dos epítetos de Afrodite (Afrodite Hetera) (N. d. T.).

e o que foi feito natural pela morte, se reverte à história. Não é nenhuma surpresa, assim, que vejamos Bachofen evocando ambos juntos em sua profissão de fé goethiana: "A ciência natural do que veio a ser é o grande princípio sobre o qual repousa todo conhecimento verdadeiro e todo progresso".

IV.

Através de sua vida, Bachofen se viu como um patrício da velha bolsa da Basileia. Seu amor pelo solo nativo, misturado a suas predileções acadêmicas, deram origem a seu estudo erudito da Lícia e de seu povo, que é uma casta e tímida homenagem à Confederação Helvética. A independência que aqueles dois pequenos países salvaguardaram de forma tão ciumenta por toda sua história constituía a seu ver uma analogia profundamente tranquilizadora. O que elas tinham em comum, a seus olhos, era a piedade e aquele amor pelo solo que, "nos confins dos vales e pequenos países, enche o coração com uma força desconhecida aos habitantes das vastas planícies". Por outro lado, essa consciência cívica jamais teria alcançado tamanho vigor em Bachofen se ele não tivesse sido imbuído profundamente de um sentimento ctônico[11]. Nada é mais característico do que a forma em que ele conta a história do milagre dado aos cidadãos de Megara:

[11] O termo ctônico designa aquilo relativo às divindades subterrâneas, em oposição às divindades olímpicas, da mitologia Grega (N. d. T.).

> Depois que o Estado suportou um período de crise como resultado da abolição da realeza [...] os cidadãos se voltaram a Delfos para descobrir como restaurar as fortunas da comunidade. Que se aconselhem com a maioria... foi a resposta. Seguindo a interpretação eleita para este conselho uma garça foi oferecida em sacrifício aos mortos no centro de seus pritaneu. Tal maioria – o escritor conclui – dificilmente conviria à democracia atual.

Neste exato espírito, Bachofen interpreta as origens da propriedade imobiliária como um testemunho sem preço da conexão entre ordem cívica e morte. "O conceito de *sanctum*, do imóvel, da coisa imóvel, veio a ser a partir da tumba. Uma vez constituído, ele se aplicava, então, ao poste de fronteira e às paredes que, com as tumbas, formavam a totalidade da *res sanctae*". Bachofen escreve estas palavras em sua autobiografia. Muitos anos mais tarde, no pico de sua vida, ele construiu uma grande casa em Basileia parecida a uma torre, que trazia a inscrição *Moriturosat!* Como Bachofen se casou logo depois, ele nunca chegou a viver na casa, mas nesta mesma circunstância pode ser vista uma imagem da polaridade de *vita et mors* que guiava seu pensamento e reinava sobre sua vida.

V.

Bachofen ensinava ciência aos modos de um *grand seigneur*. Seria interessante traçar o tipo do acadêmico lorde, inaugurado esplendidamente por Leibniz, até nossos dias, que ainda dão origem a um número de mentes nobres e notáveis, como Aby Warburg, que fundou a biblioteca que leva seu nome e que acaba de deixar a Alemanha pela Inglaterra. Ainda que menos reconhecido que os grandes *seigneurs* da literatura, cuja grande eminência é Voltaire, essa linhagem de acadêmicos exerceu uma influência muito considerável. É em seus ranques, mais do que no de Voltaire, que devemos incluir Goethe, cuja atitude digna, mesmo formal, derivou muito mais de suas aspirações científicas do que de sua vocação como poeta. Estas mentes, que sempre possuem um certo aspecto "diletante", são aptas a operar na fronteira de diversas ciências. Elas são livres, na maior parte dos casos, de quaisquer obrigações profissionais. Quanto a suas posições teóricas, sabemos da posição difícil que Goethe ocupava em relação aos físicos de seus dias. Em todos estes pontos, Bachofen oferece forte analogias com Goethe: a mesma atitude imponente, até arrogante, o mesmo descaso pelas demarcações convencionais das ciências; a mesma oposição por parte de seus colegas acadêmicos. A semelhança também não some sob exame mais detalhado, uma vez que ambos possuíam grandes recursos científicos. Enquanto Goethe extraiu contribuições a suas enormes coleções por todas as frentes, Bachofen investiu sua grande fortuna em serviço não só da documentação, mas de um museu privado que o tornou amplamente independente de auxílio externo.

Que essa situação privilegiada trouxe desvantagens a Bachofen é, também, fora de dúvida. A polêmica movida por Goethe contra Newton foi menos criteriosa do que o ataque de Bachofen contra Mommsen[12] em seu *Sage von Tanaquil* [Mito de Tanaquil; 1870] no fim de sua vida ativa, no qual ele procurou refutar não só a postura positivista de Mommsen – uma área na qual ele teria sido bem-sucedido – mas sua crítica às fontes, sobre as quais Mommsen era mestre. Pode-se enxergar esse debate como um tipo de prólogo que, alguns anos depois, opôs a ciência positivista, na pessoa de Wilamowitz-Möllendorf[13], contra Nietzsche como autor de *Die Geburt der Tragödie* [O Nascimento da Tragédia]. Seja como for, em ambos os conflitos foi o agressor quem levou a pior: através de Nietzsche, Bachofen se vingou da ciência. (Nenhuma relação direta parece haver existido entre eles; qualquer coisa que possa ser conjecturada sobre esse assunto foi definida por Charles Andler[14]).

---

[12] Christian Matthias Theodor Mommsen (1817-1903). Foi um historiador alemão, considerado um dos grandes pioneiros do estudo da Antiguidade Latina. Receptor do Prêmio Nobel de Literatura de 1902 (N. d. T.).

[13] Enno Friedrich Wichard Ulrich von Wilamowitz-Möllendorf (1848-1931). Filólogo alemão. Foi colega e opositor de Nietzsche nas querelas internas da filologia clássica na Universidade de Bonn (N. d. T.).

[14] Charle Phlippe Théodore Andler (1866-1933), foi um filósofo germanista francês, professor da Sorbonne e um dos fundadores da germanística na universidade

A independência altiva desta situação não compensou Bachofen por seu isolamento. O mesmo rancor que baseou sua polêmica contra Mommsen foi revelado, em outra ocasião, nestas palavras:

> Ninguém é mais difamado do que a pessoa que extrai conexões entre a lei e outras áreas da vida e que despreza os pedestais separados sobre os quais acadêmicos gostam de colocar todos os assuntos e povos. Tais pessoas dizem aprofundar suas pesquisas ao limitá-las, mas o que esse método produz é, ao contrário, uma concepção superficial vazia de intelecto, engendrando a mania pela atividade completamente externa sintetizada na fotografia dos manuscritos [carta de 6 de maio de 1883 a Joseph Kohler][15].

VI.

Bachofen se apoiou em fontes do Romantismo. Tais fontes, entretanto, o alcançaram somente depois de passar pelo grande filtro constituído pela ciência histórica. Seu mentor, Karl von Savigny, professor de direito da Universidade de Göttingen, pertencia ao esplêndido grupo de acadêmicos oriundos do

---

francesa. Especialista no pensamento de Nietzsche, foi um importante militante socialista (N. d. T.).

[15] A fonte desta correspondência é referenciada na tradução em inglês. Cf. Howard Eiland & Michael W. Jennings (orgs.). 2002. *Walter Benjamin. Selected Writings Vol. 3, 1935-1938.* Cambridge; London: The Belknap Press of Harvard University Press, p. 16 (Nota do Organizador).

período entre a era da pura especulação Romântica e aquela do positivismo complacente. Nas *Notas Autobiográficas* que Bachofen escreveu a seu professor em 1854, encontramos inúmeros acentos românticos e, acima de tudo, o respeito demarcado pelas origens que o levaram a escrever.

> Se o fundador de Roma não tivesse sido apresentado em tempos idos como o verdadeiro Adão itálico, eu o veria agora (após minha estadia em Roma), como uma figura muito moderna, e veria Roma como o declínio e fim de um período milenar da cultura.

Um forte respeito pela origem das instituições era uma das características mais proeminentes da "escola histórica do direito", inspirada por Savigny. Ainda que permanecendo estranho ao movimento hegeliano, Bachofen havia encontrado sua própria teoria em uma passagem famosa da introdução à *Filosofia da História* de Hegel. Trata-se da conhecida definição do *Volksgeist*, o espírito do povo que, de acordo com Hegel, estabelece uma marca comum em sua arte, sua moralidade, sua religião, sua ciência e seu sistema legal. Esta concepção, cuja validade científica se mostrou extremamente duvidosa, foi modificada de modo singular por Bachofen. Seus estudos legais e arqueológicos o preveniram de ver a lei antiga como uma unidade final e irredutível, levando-o a acreditar que poderia encontrar alguma base para ela que não o vago conceito de espírito do povo. Doravante, para Bachofen, a revelação de imagens como uma mensagem da terra dos mortos era acompanhada por aquela da lei como uma construção terrestre, cuja fundação, se estendendo a profundidades inexploradas do subsolo, são formadas pelos usos e costumes religiosos do mundo antigo. O plano geral e o estilo desta construção são de fato bem conhecidos, mas ninguém até então havia pensado em estudar este fundamento. Foi isso que Bachofen se propôs a fazer em sua obra-prima sobre o matriarcado.

VII.

Há muito se observa que os livros mais amplamente lidos raramente são aqueles que exerceram a maior influência. Todos sabem que, dentre os mais apaixonados advogados do darwinismo de cinquenta ou sessenta anos atrás, somente uma pequena parcela havia lido *A Origem das Espécies*, e que *O Capital* de modo algum passou pelas mãos de todos os marxistas. Isso vale também para a maior obra de Bachofen *Das Mutterrecht* [O Matriarcado]. Isto não é de modo algum surpreendente: o livro volumoso não é facilmente acessível, infestado de citações em grego e latim e examinando autores que são, em sua maioria, desconhecidos mesmo para o público letrado. Suas ideias principais foram difundidas fora do texto e isto foi facilitado pela imagem, ao mesmo tempo romântica e precisa, que ele fez do matriarcado. Para Bachofen, a ordem familiar que prevaleceu da antiguidade até nossos dias, e que é caracterizada pela dominação do *pater familias*, foi precedida por outra, que conferia toda autoridade familiar à mãe. Esta ordem se diferenciava fundamentalmente do patriarcado em suas estruturas legais e em suas práticas sexuais. Todos os relacionamentos familiares e, portanto, todas as questões de sucessão, eram estabelecidas através da mãe, que recebia seu marido, ou mesmo, no início dessa era, vários maridos, em sua casa como convidados. Ainda que as provas lançadas em *Das Mutterrecht* sustentando estas teses sejam endereçadas acima de tudo a historiadores e filólogos, foram os etnólogos que tomaram a questão de forma séria pela primeira vez – uma questão, que havia sido posta incidentalmente, de modo intuitivo por Vico. Entretanto, ainda que poucos etnólogos possam negar que alguns casos de matriarcado tenham existido, eles apresentavam grandes reservas sobre a ideia de uma era matriarcal bem delineada, como um estado social estabelecido de maneira estável. Não obstante, era assim que Bachofen a concebia, enfatizando a ideia ainda mais ao postular uma época de degradação e servidão masculina. Foi contra este rebaixamento que o Estado gerido pelas Amazonas, que ele considerava uma realidade histórica, foi delineado.

Seja como for, o debate está longe de ser terminado ainda hoje. Independentemente dos fundamentos filosóficos da tese de Bachofen, dos quais mais será dito adiante, os dados históricos que ele utiliza foram reinterpretados recentemente. Alguns acadêmicos, incluindo

Walter Lehmann, especialista em história e cultura mexicana, procuraram apoiar a construção de Bachofen investigando os traços de uma imensa evolução cultural e social que é especulada como marcando o fim do matriarcado. Tais estudiosos criam discernir tais traços na famosa tabela de oposições que forma parte da tradição pitagórica e cuja oposição fundamental é aquela entre esquerda e direita. Tendiam, assim, a ver a inovação patriarcal na mudança de direção da suástica, ou cruz gamada – a velha roda de fogo ariana – virada para a direita, com os braços em sentido horário substituindo o movimento anti-horário.

Em um dos capítulos mais famosos do livro, Bachofen explica suas próprias ideias sobre a colisão entre estes dois mundos. Não vemos nenhuma objeção ao reproduzir o comentário de Friedrich Engels em seu ensaio *Der Ursprung der Familie* [A Origem da Família] – ainda menos porque a passagem também contém aquele julgamento sério e balanceado sobre Bachofen que mais tarde guiaria outros marxistas, como Lafargue. Engels escreve:

> De acordo com Bachofen, não é o desenvolvimento das condições efetivas da vida da humanidade, mas a reflexão religiosa destas condições dentro de suas cabeças que trouxe à tona as mudanças históricas nas posições sociais dos sexos em relação entre si. Alinhado com esta visão, Bachofen interpreta a *Oréstia*[16] de Ésquilo como

[16] Também conhecida como *Oresteia*, *Orestíada*, ou *Tri-*

uma representação dramática do conflito entre o direito em declínio da mãe e o novo direito do pai que surgiu e triunfou na era heroica... Esta nova e indubitavelmente correta interpretação de *Oresteia* é uma das melhores passagens do livro inteiro, mas prova, ao mesmo tempo, que Bachofen acredita de forma tão firme quanto Ésquilo, em Erínias, Apolo e Atena, pois, ao cabo, ele acredita que a derrubada do direito materno pelo direito paterno foi um milagre operado na era heroica grega exatamente por aquelas divindades. É evidente que tal concepção, que faz da religião a alavanca da história mundial, deve finalmente acabar no misticismo puro.

VIII.

O misticismo no qual culminam as teorias de Bachofen, conforme enfatizado por Engels, foi levado ao extremo na "redescoberta" de Bachofen – um processo que incorporou os mais claros elementos do esoterismo recente que dá base ao fascismo alemão. No início desta "redescoberta" encontramos a figura altamente peculiar de Alfred Schuler[17], que, como devem ter se lembrado os devotos de

logia de Orestes. Trilogia de peças teatrais de autoria de Ésquilo composta por *Agamemnon, Cléfora* e *Eumênides*, que narra a maldição da família de Atreu após o retorno da Guerra de Tróia (N. d. T.).

[17] Alfred Schuler (1865-1923), foi um místico, esotérico, classicista, escritor, poeta e pesquisador independente alemão, fundador do Círculo Místico de Munique e influenciador de Stefan George e Ludwig Klages (N. d. T.).

Stefan George[18], foi o destinatário do poema singularmente audacioso, *Porta Nigra*. Schuler, um suíço como Bachofen, foi um homem gentil que passou a maior parte de sua vida em Munique. Ainda que ele tenha estado em Roma somente uma vez, seu conhecimento da Roma Antiga e sua familiaridade com a vida Romana da antiguidade parece ter sido prodigioso. Que ele tenha sido dotado de um entendimento excepcional do mundo ctônico parece um fato estabelecido. Schuler sustentava, talvez corretamente, que essas faculdades inatas eram alimentadas por forças similares peculiares àquela parte da Baviera. De qualquer modo, Schuler, que não escreveu praticamente nada, era visto no círculo de George como uma autoridade oracular. Foi ele quem iniciou Ludwig Klages[19], membro do mesmo círculo, às teorias de Bachofen.

Com Klages, estas teorias saltam do reino esotérico reclamando um lugar na filosofia – algo que Bachofen nunca teria sonhado. Em *Vom kosmogonischen Eros* [O Eros Cosmogô-

---

[18] Stefan Anton George (1868-1933), foi um importante poeta alemão. Reunia ao redor de si diversos poetas, naquilo que ficou conhecido como o "Círculo George" (George-Kreis), cujos integrantes foram também interlocutores de Benjamin. Com o tempo, Benjamin se tornou grande crítico do círculo, o que lhe garantiu o desafeto dos intelectuais relacionados a Georg (N. d. T.).

[19] Ludwig Klages (1872-1956), foi um filósofo e psicólogo alemão considerado um dos grandes pensadores do Século XX. Benjamin foi influenciado por Klages até o ponto em que vê, em seu crescente esoterismo, um problema político sério que, segundo Benjamin, tornará sua teoria reacionária (N. d. T.).

nico], Klages esboça o sistema natural e antropológico do "ctonismo". Dando substância aos elementos míticos da vida, arrebatando-os do esquecimento no qual estão submersos, diz Klages, o filósofo ganha acesso a "imagens primevas" [*Urbilder*]. Estas imagens, ainda que clamando se derivar do mundo externo, são, não obstante, representações bem dissemelhantes. Isto porque representações são informadas pelo intelecto, com seus fins utilitários e suas pretensões arrogantes, enquanto a imagem é endereçada exclusivamente à alma que, dando-lhe boas vindas de maneira puramente receptiva, é gratificada por sua mensagem simbólica. A filosofia de Klages, enquanto uma filosofia de duração, não conhece nenhuma evolução criativa, mas unicamente o embalo gentil de um sonho, cujas fases não são nada mais do que as reflexões nostálgicas de almas e formas há muito idas. Daí sua definição de imagens primevas como aparições de almas do passado. O relato de Klages sobre o ctonismo diverge do de Bachofen precisamente por seu caráter sistemático, cuja inspiração é revelada no título de seu principal trabalho: *Der Geist als Widersacher der Seele* [O intelecto como Adversário da Alma]. Mais ainda, esse é um sistema que leva a lugar nenhum, se perdendo na profecia ameaçadora que censura a humanidade por ter sido desviada de seu percurso pelas insinuações do intelecto. Apesar de seu lado provocativo e sinistro, entretanto, esta filosofia, através das sutilezas de suas análises, da profundidade de seus vislumbres e do nível de seu discurso, é infinitamente superior às adaptações de Bachofen pelos oficiais expoentes do fascismo alemão. Bäumler, por exemplo, declara que somente a metafísica de Bachofen é digna de atenção, sendo sua pesquisa histórica insignificante uma vez que mesmo "um trabalho científico exato das origens da humanidade [...] nos teria pouco a dizer".

IX.

Enquanto uma nova metafísica celebrava a redescoberta de Bachofen, as pessoas se mostravam aptas a esquecer que seu trabalho nunca cessou de desempenhar um papel na pesquisa dos sociólogos. Ele é mesmo ligado àquela pesquisa por meio de uma tradição direta, na pessoa de Elisée Reclus. Por mais desagradável que o teor de sua aprovação deva ter sido para o estudioso suíço, ela não foi, no entanto, negada. Talvez Bachofen estivesse isolado demais para não aceitar qualquer assentimento, de qualquer fonte que fosse. Mas havia uma razão mais séria para isso. Previamente, Bachofen havia explorado aprofundar as fontes que, através das eras, alimentara o ideal libertário que Reclus defendia. Aqui, devemos nos referir novamente à promiscuidade antiga discutida em *Das Mutterrecht*, correspondendo-a ao estado das coisas em certo ideal legal. O fato indisputado que algumas comunidades matriarcais desenvolveram uma ordem democrática bem como ideias de equidade cívica em um nível muito alto atraíram a atenção de Bachofen. O comunismo mesmo parecia para ele inseparável da ginecocracia. E, curiosamente, o julgamento sem misericórdia que ele proferiu sobre a democracia como um cidadão patrício da Basileia não o preveniu de descrever, em páginas magníficas, as bênçãos de Dionísio, que ele considerava um princípio feminino. "A religião dionisíaca é uma profissão de democracia, uma vez que a natureza sensual à qual ela se adereça é o patrimônio de todos os homens"; ela "não reconhece nenhuma das diferenças estabelecidas pela ordem cívica ou pela preeminência cívica".

Tais passagens chamaram a atenção dos teóricos socialistas. A ideia de matriarcado os interessava não só porque ela se aliava à noção de comunismo primitivo, mas também porque revirava o conceito de autoridade. Assim, Paul Lafargue, o genro de Karl Marx e um dos poucos que dominaram seu método, conclui em seu ensaio sobre o matriarcado – aludindo ao costume da *couvade*[20] – com a seguinte reflexão: "Vemos que a família patriarcal é uma instituição relativamente recente, e que sua emergência é caracterizada pela desordem, pelo crime e pela estupidez vil". O tom, que certamente não é aquele da pesquisa desinteressada, indica quais as camadas profundas do indiví-

[20] A *couvade* é um ritual descrito a primeira vez por Sir Edward Burnett Tylor que se refere a certas práticas adotadas pelos pais durante a gravidez da mulher e que vão desde o jejum à purificação, numa espécie de "gravidez simpática" (N. d. T.).

duo que são trazidas à tona por essas questões. Estas camadas estão na fonte da nota passional que caracterizou o debate sobre Bachofen, e para o qual os veredictos da ciência não foram imunes. Suas teorias provocaram uma reação universal na qual convicções políticas parecem indissoluvelmente ligadas à vida íntima afetiva. Muito recentemente, Erich Fromm examinou este aspecto da questão no notável estudo *Die sozialpsychologische Bedeutung der Mutterrechtsthorie* [O Significado psicosocial das teorias do matriarcado; 1934]. Se referindo às muitas conexões entre o renascimento de Bachofen e o fascismo, ele desaprova a séria desordem da sociedade presente que ameaça a relação entre criança e mãe. Assim, diz ele,

> o anseio pelo amor materno é substituído pelo desejo de ser protetor da mãe, que é venerada acima de tudo. A mãe não tem mais o dever de proteger. Ela é que precisa de tutela, sua pureza deve ser salvaguardada. E essa maneira de reagir às desordens que afligem a atitude natural à mãe também modificou os símbolos que a figuram como país, povo, terra.

X.

Bachofen nunca teve seu retrato pintado. A única figura que temos dele foi feita postumamente, a partir de uma fotografia. Não obstante, ela mostra uma profundidade expressiva surpreendente. Um torso superior majestoso suporta uma cabeça com uma testa alta e saliente. Cabelos loiros, se estendendo até suíças encaracoladas, cobrem as laterais do crânio, cuja parte superior é calva. Uma vasta tranquilidade emanando dos olhos paira sobre a face, cuja característica mais animosa parece ser a da boca. Os lábios estão fechados e seus cantos sugerem firmeza. Ainda assim, não há traço de dureza. Uma largura quase maternal, se espalhando por toda a fisionomia, lhe dá perfeita harmonia. Sua obra inteira testemunha essa harmonia, primeiro, na sabedoria e serenidade essenciais da vida de um homem e, depois, pelo equilíbrio sem igual da obra mesma.

Isto se manifesta em três formas distintas: o equilíbrio entre a veneração do espírito matriarcal e o respeito pela ordem patriarcal; o equilíbrio entre a simpatia pela democracia arcaica e os sentimentos pela aristocracia da Basileia; e o equilíbrio entre o vislumbre do simbolismo antigo e a fidelidade ao credo cristão. Consideremos este último aspecto, pois em relação às teorias de Klages, nada em Bachofen merece mais ênfase do que a completa ausência de neopaganismo. Seu protestantismo, fortemente enraizado em sua leitura da Bíblia, não é de modo algum fruto de sua idade avançada. Bachofen nunca se separou dele, mesmo em suas especulações mais profundamente simbólicas. Nada, a esse respeito, é mais edificante do que a distância que ele sempre manteve de seu eminente compatriota Franz

Overbeck[21], amigo de Nietzsche e professor de teologia, que combinou um ceticismo perfeito ao conhecimento especializado da dogmática medieval.

Se os sentimentos de Bachofen o inclinavam em direção ao matriarcado, sua atenção como historiador sempre foi direcionada para a emergência do patriarcado que, para ele, assumia sua última forma na espiritualidade cristã. Ele estava profundamente convencido de que:

> nenhum povo cujas crenças são fundadas na matéria foi vitorioso sobre a paternidade puramente espiritual [...] A espiritualidade de um deus paterno e singular se baseia na destruição do materialismo, não em seu desenvolvimento ou purificação.

Por essa razão, a destruição de Cartago por Roma lhe pareceu o fato mais salutar e redentor da história mundial. Mas ele viu aquilo que Scipião e Catão começaram como algo completado por Augusto. Com essa exposição magistral (em *Antiquarische Briefe*, 1880), sua pesquisa fecha seu próprio círculo. Pois não podemos esquecer que, ao demonstrar como o Ocidente assegurara a vitória do patriarcado sob Augusto, voltando a seu próprio

[21] Franz Camille Overbeck (1837-1905), foi um teólogo protestante alemão, conhecido por sua amizade com Nietzsche e por ser um dos pioneiros da teologia liberal. Denunciou o revisionismo nazista da obra de Nietzsche, promovido pela irmã do filósofo, Elisabeth, com quem ele se recusou a colaborar (N. d. T.).

gênio, Bachofen retornou ao ponto de partida de suas investigações, nomeadamente, a lei Romana. E não devemos, do mesmo modo, nos esquecer que o país de sua revelação foi Roma. Em sua concepção mais sublime, Bachofen retornou ao solo no qual – como diz em sua autobiografia – "a roda da vida havia aberto a fenda mais profunda". O solo Romano lhe foi dado como juramento: ele garantiu a harmonia que, graças à sua feliz maquiagem, Bachofen pode atingir em seu pensamento, mas que a história, em mais de uma ocasião, deverá restaurar.

Paralipômenos a "Sobre o Conceito de História"

A empatia com o passado serve também para fazer com que ele pareça presente. Não é nenhuma coincidência que esta tendência esteja em comum acordo com a concepção positivista da história (como vista em Eduard Meyer[22]). No campo da história, a projeção do passado no presente é análoga à substituição de configurações homogêneas por mudanças no mundo corpóreo [*Körperwelt*]. O processo deste último foi identificado por Meyerson como a base das ciências naturais (*De l'explication dans les sciences*, [Paris 1921]). Já o primeiro é a quintessência do caráter "científico" da história, conforme defini-

[22] Eduard Meyer (1855-1930). Historiador alemão especialista em Antiguidade. Sua obra-prima é *Geschichste des Alterthums*, em 5 volumes (N. d. T.).

da pelo positivismo, e é assegurado ao custo da completa erradicação de todo vestígio do papel original da história como rememoração [*Eingedenken*]. A falsa vitalidade do passado-feito-presente, a eliminação de todo eco de "lamento" na história, marca sua sujeição final ao conceito moderno de ciência.

Em outras palavras, o projeto de descoberta de "leis" no curso dos eventos históricos não é o único meio – e dificilmente o mais sutil deles – de assimilar a historiografia à ciência natural. A noção de que a tarefa do historiador seja a de fazer o passado "presentificado" [*das Vergangne zu "vergegenwärtigen"*] é bem menos transparente e culpada da mesma furtividade.

Druckvorlage: Benjamin-Archiv, Ms 1089r

Tese XVII[a]

Marx secularizou a ideia de um tempo messiânico na ideia de uma sociedade sem classes. E isso foi algo positivo. O problema começou somente quando a social democracia elevou esta ideia a um "ideal". Tal ideal foi definido pela doutrina neokantiana de uma "tarefa sem-fim" [*unendliche Aufgabe*], e essa doutrina foi a filosofia elementar do partido Social Democrata – de Schmidt[23] e Stadler[24], passan-

---

[23] Robert Schmidt (1864-1943). Sindicalista, jornalista e político social democrata. Serviu como Ministro da Alimentação, dos Assuntos Econômicos e da Reconstrução em diferentes gabinetes da República de Weimar (N.d.T.).

[24] Não foi possível identificar a quem Benjamin se refere neste trecho (N. d. O.).

do por Natorp[25] e Vorländer. Uma vez definida a sociedade sem classes como tarefa sem fim, o tempo vazio e homogêneo se transformou na antessala, por assim dizer, em que se poderia esperar pela emergência da situação revolucionária com mais ou menos seriedade. Efetivamente, não há um só momento que não carregue consigo *sua* chance revolucionária – contanto que ela seja definida de maneira específica, ou seja, como a chance de uma resolução completamente nova para uma tarefa completamente nova. Para o pensador revolucionário, a chance revolucionária peculiar oferecida a cada momento histórico está configurada a partir da situação política. Ao mesmo tempo, ela está igualmente fundamentada, para este pensador, no direito de entrada de que o momento histórico goza diante daquela antessala distinta do passado, que até o momento esteve fechada e trancada. A entrada para esta câmara coincide com a ação política em sentido estrito; e é por meio de tal entrada que a ação política, não importa quão destrutiva, se revela como messiânica. (A sociedade sem classes não é o objetivo final do progresso histórico, mas, ao contrário, a efetivação de sua interrupção, frequentemente malograda).

Druckvorlage: Benjamin-Archiv, Ms 1098v

O materialista histórico que investiga a estrutura da história performa, a seu modo,

---

[25] Paul Natorp (1854-1924). Filósofo e pedagogo alemão, considerado um dos fundadores da Escola de Marburgo neo-kantiana (N. d. T.).

um tipo de análise espectral. Assim como um físico determina a presença de luz ultravioleta no espectro solar, também o materialista histórico determina a presença de uma força messiânica na história. Quem deseja conhecer a situação de uma "humanidade redimida", ou quais as condições requeridas para o desenvolvimento de tal situação, bem como quando este desenvolvimento pode ser esperado, posa questões paras as quais não há respostas. Tal pessoa poderia, igualmente, tentar saber quais as cores do raio ultravioleta.

Druckvorlage: Benjamin-Archiv, Ms 1099

Marx diz que as revoluções são a locomotiva da história. Talvez, entretanto, o contrário seja verdadeiro. Talvez as revoluções sejam uma tentativa dos passageiros desse trem – isto é, a raça humana – de ativar o freio de emergência.

Druckvorlage: Benjamin-Archiv, Ms 1100

Três conceitos básicos podem ser identificados no trabalho de Marx, e sua armadura teórica como um todo pode ser vista como uma tentativa de soldar estes três conceitos. São eles: a luta de classes do proletariado, o curso do desenvolvimento histórico (progresso) e a sociedade sem classes. A estrutura da ideia básica de Marx se dá da seguinte forma: através de uma série de lutas de classe, a humanidade alcança a sociedade sem classes no curso do desenvolvimento histórico. = Mas a sociedade sem classes não deve ser concebida como o fim do desenvolvimento histórico =

Os epígonos de Marx derivaram desta concepção errônea (entre outras coisas), a noção de "situação revolucionária" que, como sabemos, sempre se recusa a chegar. = Uma face genuinamente messiânica deve ser restaurada ao conceito de sociedade sem classes e, sem dúvida, para o interesse de uma política revolucionária, bem como do próprio proletariado.

Druckvorlage: Benjamin-Archiv, Ms 1103

Nova Tese B

{A história lida com conexões e cadeias causais arbitrariamente elaboradas. Entretanto, uma vez que a história oferece uma ideia de citabilidade [*Zitierbarkeit*] fundamental de seu objeto, tal objeto deve se apresentar, em sua forma última, como um momento da humanidade. Neste momento, o tempo deve ser levado à imanência [*Die Zeit muß in ihm stil/gestellet sein*]}.

A imagem dialética é a ocorrência de um relâmpago que corre pelo horizonte total do passado.

{Articular o passado historicamente significa reconhecer aqueles elementos do passado que se juntam na constelação de um momento singular. O conhecimento histórico é possível somente no momento histórico. Mas o conhecimento *no* momento histórico é sempre o conhecimento *de* um momento. Ao se juntar no momento – na imagem dialética – o passado se torna parte da memória involuntária da humanidade}.

{A imagem dialética pode ser definida como a memória involuntária da humanidade redimida}.

A noção de uma história universal está aliada às noções de progresso e de cultura. Para que todos esses momentos da história da humanidade possam ser incorporados na cadeia do progresso, eles devem ser reduzidos a um denominador comum – "cultura", "esclarecimento", "espírito objetivo", ou o que quer que lhe desejemos chamar.

Druckvorlage: Benjamin-Archiv, Ms 491

Nova Tese C

Podemos falar em progresso somente quando o curso dos eventos históricos passa suavemente pela mão do historiador, como um fio. Não obstante, se ele se der como um feixe desfiado a se desdobrar em mil fios que caem como cabelos não aplainados, nenhum deles terá lugar definido até que estejam todos reunidos e trançados em um penteado.

A concepção básica presente no mito é a do mundo como castigo – castigo que, de fato, engendra aquele a quem se dirige a pena. O eterno retorno é o castigo da detenção projetado à esfera cósmica: a humanidade deve copiar seus textos em repetições eternas ([Paul] Eluard, *Répétitions* [1922]).

{A eternidade da punição no inferno pode ter feito ruir o pico mais terrível da antiga ideia de eterno retorno, substituindo uma eternidade de tormento pela eternidade de um ciclo}.

{Pensando a ideia do eterno retorno uma vez mais no Século XIX, Nietzsche se torna a figura na qual a maldição mítica agora se dá. Pois a essência dos acontecimentos míticos é a recorrência. (Sísifo, as Danaides)}.

Druckvorlage: Benjamin-Archiv, Ms 489

Nova Tese H

A dissolução na história pragmática não deve beneficiar a história cultural. Não só, a concepção pragmática da história não se fundamenta nas demandas feitas pela "ciência estrita" em nome de uma lei da causalidade. Ela se fundamenta numa mudança na perspectiva histórica. Uma era que não é mais capaz de transfigurar suas posições de poder de modo original perde relação com as transfigurações que beneficiaram tais posições no passado.

{O sujeito da escrita histórica é, propriamente, aquela parte da humanidade cuja solidariedade abarca a todos os oprimidos. É a parte que não pode mais tomar maiores riscos teóricos porque, em termos práticos, é a que tem menos a perder}.

{Nem todas as histórias universais são inevitavelmente reacionárias. Mas uma história universal *desprovida* de um princípio construtivo, sem dúvida será. O princípio construtivo da história universal permite que ela seja representada em histórias parciais. Em outras palavras, é um princípio monadológico. Ele existe na história da salvação}.

{A ideia de prosa coincide com a ideia messiânica de história universal (Leskov!)}.

Druckvorlage: Benjamin-Archiv, Ms 484

Nova Tese K

"Organizar o pessimismo significa... descobrir no espaço da ação política... espaço de imagem. Este espaço de imagem, entretanto, não pode mais ser medido pela contemplação [...] O muito buscado espaço de imagem [...], o mundo da atualidade universal e integral" (Surrealismo).

A redenção é a cal do progresso.

{O mundo messiânico é o mundo da atualidade universal e integral. Uma história universal existe somente no reino messiânico. Não como história escrita, mas como história festivamente performada. Este festival é purificado de toda celebração. Não há canções festivas. Sua linguagem é a prosa liberada – prosa que explodiu os limites da escritura [*Schrift*]. (A ideia da prosa coincide com a ideia messiânica de história universal. Comparar a passagem de "O Narrador": os tipos de prosa artística como espectro dos tipos históricos)}.

{A multiplicidade de "histórias" é intimamente relacionada, se não idêntica, à multiplicidade das línguas. No sentido do momento atual, a história universal não é nada mais do que um tipo de Esperanto. (Ela expressa a esperança da raça humana não mais efetivamente do que o nome daquela língua universal)}.

Druckvorlage: Benjamin-Archiv, Ms 490

Nota Preliminar

Na rememoração, temos uma experiência que nos impede de entender a história de maneira fundamentalmente ateológica, tão pouco quanto nos é permitido tentar escrevê-la em termos teológicos (N 8, I [manuscrito Sigla das Passagens]).

Meu pensamento sobre a teologia é como o mata-borrão sobre a tinta. Está impregnado por ela. Se dependesse do mata-borrão, portanto, nada do que estivesse escrito permaneceria (N 7a, 7).

{Existe um conceito de presente segundo o qual ele expressa o objeto (intencional) de uma profecia. Este termo é o (complemento) correlato da história que aparece como um lampejo. É um termo fundamentalmente político e é assim que Turgot[26] o define. O sentido esotérico da palavra é o de que o profeta é um profeta retrógrado: ele vira as costas para seu próprio tempo; sua mirada contempla os pivôs condenados dos primeiros acontecimentos. Esta é a visão que se faz presente de forma mais clara no próprio tempo do que no dos contemporâneos, que "acompanham o ritmo"}.

Druckvorlage: Benjamin-Archiv, Ms 472

[26] Anne Robert Jacques Tourgot (1727-1781), foi um político e economista francês, controlador geral de finanças de Luíx XVI, permitindo a aplicação das medidas fisiocratas para a reforma da economia do Estado francês (N. d. T.).

Perguntas Metodológicas III

Com o tempo rápido da técnica, que coincide com uma decadência igualmente rápida da tradição, vem à tona, de modo muito mais rápido do que anteriormente, a parcela do inconsciente coletivo, a face arcaica de uma era, mesmo para a era vindoura. Daí a visão surrealista da história.

{A forma dos novos modos de produção, que é inicialmente dominada pelos antigos (Marx), corresponde a uma consciência onírica no nível da superestrutura, em que o novo é imaginado como um design fantástico. Michelet: *Chaque époque revê la suivante*[27]. Nada de novo pode surgir sem essa formulação fantástica na consciência onírica. Entretanto, suas manifestações não são sempre encontradas somente na arte. É crucial para o Século XIX que a imaginação vá além de todas as suas fronteiras}.

Druckvorlage: Benjamin-Archiv, Ms 467

{Problema da Tradição I}

A Dialética na Imanência

(Aporia Fundamental: "A tradição como o descontínuo daquilo que foi em oposição à história como o contínuo dos eventos." - "Pode ser que a continuidade da tradição seja somente aparência, mas então, a constância desta aparência de constância cria nela continuidade"

[27] "Cada época sonha a seguinte" (N. d. T.).

(Aporia Fundamental: "A história dos oprimidos é um descontínuo" – "A tarefa da história é se apossar da tradição dos oprimidos").

Mais sobre essas aporias: "O contínuo da história é aquele dos opressores. Enquanto a noção de contínuo arrasa com tudo, a noção de descontínuo é a base da verdadeira tradição" – {A consciência do descontínuo histórico é a particularidade das classes revolucionárias no momento de sua ação. Por outro lado, entretanto, há a conexão mais próxima entre as ações revolucionárias de uma classe e o conceito de que a classe (também ela, mas não apenas aquela que virá), da história passada é apenas uma aparente contradição: a Revolução Francesa recorreu à República Romana em um abismo de dois mil anos}.

Druckvorlage: Benjamin-Archiv, Ms 469

Problema da Tradição II

Não havia correspondência histórica na conscientização da nova missão do proletariado. Não havia memória (tentou-se criá-la artificialmente, em obras como *A História das Guerras Camponesas*, de Zimmermann, etc. Porém a empreitada não teve êxito).

{Na tradição dos oprimidos a classe trabalhadora aparece como a última escravizada, como vingança e como classe libertadora. Deste ponto de vista, a social democracia soube revelar tal consciência desde o início. Para os trabalhadores, ela desempenhou o papel de redentora das gerações futuras. Cortou o tendão de sua força. Nesta escola, a classe aprendeu o ódio tanto quanto a capacidade de cometer sacrifícios. Isto porque ambos se alimentam mais da verdadeira imagem dos ancestrais escravizados do que da imagem ideal e uma prole liberta. Nos primeiros dias da Revolução Russa tal consciência estava viva. O dizer "nenhuma glória ao vencedor, nenhuma piedade aos vencidos" é comovente porque expressa solidariedade com os irmãos mortos e não com aqueles que nasceriam depois. – "Eu amo o sexo do próximo século", disse o jovem Hölderlin[28]. Mas não seria isto, ao mesmo tempo, uma admissão da fraqueza congênita da burguesia alemã?}

Druckvorlag: Benjamin-Archiv, Ms 466r

O Agora da Cognoscibilidade

O ditame segundo o qual o historiador é um profeta olhando para trás pode ser compreendido de dois modos. Tradicionalmente, esse ditame quis dizer que o historiador, voltando a um passado remoto, profetiza aquilo que ainda era visto, para ele, como futuro, mas que, no meio tempo, se tornou passado. Essa visão corresponde exatamente à teoria histórica da empatia, que Fustel de Coulanges[29] encapsulou no seguinte

[28] Friedrich Hölderlin (1770-1843). Poeta e filósofo alemão. Figura chave do Romantismo alemão, foi influente para a filosofia de Hegel e Schelling, sendo uma personalidade importante do Idealismo. Foi fundamental, na contemporaneidade, também para o pensamento de Martin Heidegger (N. d. T.).
[29] Numa Denis Fustel de Coulanges (1830-1889). Historiador francês (N. d. T.).

conselho: *Si vous voulez revivre une époque, oubliez que vous savez ce qui s'est passé après elle*[30] – Mas o ditame pode também ser compreendido de forma bastante diferente: o historiador dá as costas para seu tempo presente, e seu olhar de oráculo se aprofunda cada vez mais nos picos decrescentes de uma raça humana anterior. De fato, o momento presente do próprio historiador é distintamente mais presente a este olhar visionário do que aos seus contemporâneos que "mantém seus passos" com o presente. O conceito de um presente que representa a matéria-sujeito intencional de uma profecia é definida por Turgot à toa como um conceito essencial e político desde o princípio. "Antes de aprendermos a lidar com as coisas em determinada posição – diz Turgot – ela já mudou diversas vezes. Assim, sempre descobrimos tarde demais sobre o acontecido. Deste modo, pode-se dizer que a política é obrigada a antever o presente". É precisamente este conceito do presente que subjaz à atualidade da historiografia genuína (N8a,3; N12a,1, [*Passagens*]). Alguém que cutuca o passado como se bisbilhotando um depósito de exemplos e analogias ainda não possui suspeita alguma do quanto em um determinado momento depende de sua presentificação [*ihre Vergegenwärtigung*].

Druckvorlage: Benjamin-Archiv, Ms 471

[30] "Se quiseres reviver uma época, esqueças que conheces aquilo que se passou depois dela" (N. d. T.).

(Se se olha para a história como um texto, é possível dizer sobre ela o mesmo que um autor recente disse sobre textos literários. Nomeadamente, que o passado deixou neles imagens comparáveis àqueles registrados em placas fotossensíveis. "Somente o futuro possui reagentes fortes o suficiente para revelar a imagem em todos os seus detalhes. Muitos capítulos de Marivaux[31] ou Rousseau contém um significado misterioso que os primeiros leitores destes textos não poderiam ter decifrado integralmente". (Monglond; N15a, 1). O método histórico é um método filológico baseado no livro da vida. "Ler o que nunca foi escrito", conforme uma linha em Hofmannsthal[32]. O leitor no qual se deve pensar aqui é o verdadeiro historiador).

{A multiplicidade das histórias se assemelha à multiplicidade de línguas. A história universal, no sentido do momento presente, não pode nunca ser mais do que um tipo de Esperanto. A ideia de história universal é messiânica}.

{O mundo messiânico é o mundo da atualidade universal e integral. Somente nele existe uma história universal. Não como história escrita, mas como história festivamente dada.

---

[31] Pierre Carlet de Chamblain de Marivaux (1688-1763). Poeta e dramaturgo francês (N. d. T.).

[32] Hugo Lorenz August Hoffmann von Hoffmansthal (1874-1929). Poeta, dramaturgo, libretista, narrador, ensaísta e prodígio das letras austríaco. Pensador extremamente influente nas letras germânicas e referência constante na obra de Benjamin (N. d. T.).

Este festival é purificado de qualquer celebração. Não há canções festivas. Sua língua é a prosa liberada – prosa que explodiu os limites da escritura [*Schrift*], e que é entendida por todos (como a língua dos pássaros é entendida pelas crianças nascidas em um domingo [*Sonntagskindern*][33]). – A ideia de prosa coincide com a ideia messiânica de história universal (os tipos de prosa artística como espectro dos tipos de história universal [a passagem em "O Narrador"])}.

Druckvorlage: Benjamin-Archiv, Ms 470

Uma concepção de história que se liberou do esquema de progressão em um tempo vazio e homogêneo finalmente liberaria as energias destrutivas do materialismo histórico que foram retidas por tanto tempo. Isso ameaçaria as três posições mais importantes do historicismo. O primeiro ataque deve se dirigir contra a ideia de história universal. Agora que a natureza dos povos é obscurecida por suas características estruturais atuais, tanto quanto por suas atuais relações umas com as outras, a noção de que a história da humanidade é composta por povos é um mero refúgio de preguiça intelectual. (A ideia de uma história universal se ergue e desmorona com a ideia de uma língua universal. Enquanto essa língua tinha uma base – seja na teologia, como na Idade Média, ou na lógica, como mais re-

[33] As Sonntagskindern (crianças nascidas em um domingo), são consideradas, tradicionalmente, destinadas à sorte e à felicidade na cultura alemã (N. d. T.).

centemente em Leibniz – a história universal não era de todo inconcebível. Por oposição, a história universal como praticada no Século XIX não poderia ter sido nada mais do que um tipo de Esperanto). – A segunda posição fortificada do historicismo é evidente na ideia de que a história é algo que pode ser narrado. Em uma investigação materialista, o momento épico será sempre explodido no processo de construção. A liquidação do elemento épico deve ser aceita assim como Marx a aceitou quando escreveu *O Capital*. Ele percebeu que a história do capital poderia ser construída somente na ampla armação de ferro de uma teoria. No esboço teórico de Marx acerca do trabalho sob o mando do capital, os interesses da humanidade são mais visíveis do que nos trabalhos monumentais, verborrágicos e basicamente de lazer do historicismo. É mais difícil honrar a memória dos anônimos do que honrar a memória dos famosos, dos célebres, {sem falar nos poetas e pensadores. A construção histórica é dedicada à memória dos anônimos. – O terceiro bastião do historicismo é o mais forte e mais difícil de derrubar. Ele se apresenta como "empatia com o vencedor". Os governantes de qualquer momento são os herdeiros de todos aqueles que foram vitoriosos através da história. Empatia com o vencedor invariavelmente beneficia aqueles que governam no momento. O materialista histórico respeita esse fato. Ele também se responsabiliza pelo fato de que este estado das coisas é bem fundamentado. Quem quer que seja que emergiu como vitorioso nas milhares de lutas que entrecortam a história até o presente teve sua parte nos triunfos daqueles que governam sobre aqueles que são governados hoje. O materialista histórico pode somente adotar um ponto de vista altamente crítico do inventário de espólios exibido pelos vitoriosos perante os vencidos. A este inventário dá-se o nome de cultura. Pois em todo caso estes tesouros possuem uma linhagem que o materialista histórico não pode contemplar senão com horror. Eles devem sua existência não só aos esforços dos grandes gênios que os criaram, mas também ao labor anônimo de outros que viveram no mesmo período. Não há documento de cultura que não seja, ao mesmo tempo, um documento de barbárie. O materialista histórico mantém sua distância de tudo isso. Ele deve escovar a história à contrapelo – mesmo que necessite de um par de pinças para fazê-lo}.

Druckvorlage: Benjamin-Archiv, Ms 447 e Ms 1094

{Categorias para o desenvolvimento do conceito de tempo histórico}.

{O conceito de tempo histórico forma uma antítese à ideia de contínuo temporal}.

{A lâmpada eterna é uma imagem de existência histórica genuína. Ela cita aquilo que já foi – a chama que um dia foi acesa – *in perpetuum*, dando-lhe sustento sempre novo}.

A existência de uma sociedade sem classes não pode ser pensada ao mesmo tempo em que a luta por ela. Mas o conceito de presente, em seu sentido obrigatório ao historiador, é necessariamente definido por essas duas ordens temporárias. Sem algum tipo de análise de uma sociedade sem classes há somente uma falsificação histórica do passado. Neste sentido, todo conceito de presente participa do conceito de Dia do Juízo.

Os dizeres de um evangelho apócrifo – "Ali onde me encontro com alguém, ali mesmo o julgarei" – lança uma luz particular sobre os dias recentes. Ela evoca a nota de Kafka: "O Julgamento Final é uma lei marcial". Mas ela adiciona algo mais: o Dia do Juízo, de acordo com esses dizeres, não seriam discerníveis de outros dias. Em qualquer medida, os dizeres deste evangelho provém o cânone para o conceito de presente que o historiador assume como dele próprio. Todo momento é um momento de julgamento relativo a certos momentos precedentes.

{Excertos do ensaio sobre Fuchs}.

Druckvorlage: Benjamin-Archiv, Ms 483

{A passagem sobre o olhar visionário de Jochmann[34] deve ser trabalhada na estrutura básica das *Passagens*}.

{O olhar do vidente é aceso por um passado que rescinde rapidamente. Isto significa que o profeta desviou seu olhar do futuro:

---

[34] Carl Gustav Jochmann (1789-1830), foi um jornalista báltico-alemão, conhecido principalmente por seus estudos da língua em relação ao estado políticos das sociedades (N. d. T.).

ele percebe os contornos do futuro na luz do passado que se esvai enquanto afunda diante dele na noite dos tempos. Essa relação profética com o futuro necessariamente informa a atitude do historiador tal qual descrita por Marx: uma atitude determinada pelas circunstâncias sociais efetivas}.

Devem crítica e profecia serem as categorias que se unem no resgate [*Rettung*] do passado?

Como deve a crítica do passado (por exemplo em Jochmann), se aliar ao resgate [*Rettung*] do passado?

Vislumbrar a eternidade dos eventos históricos significa apreciar a eternidade de sua transitoriedade.

Druckvorlage: Benjamin-Archiv, Ms 485

a categoria mais elevada
da história mundial que
garante a unidade dos
eventos é a culpa

Crítica

Teoria da crítica

Como resposta, a unidade da filosofia (seu sistema), é de uma ordem superior ao número infinito de questões que podem ser feitas. É de um tipo e ordem superiores aquelas às quais a quintessência de todas essas questões podem reclamar, porque a *unidade* da resposta não pode ser atingida por nenhum questionamento. A unidade da filosofia, portanto, pertence a uma ordem maior a que qualquer pergunta ou problema singulares possam reivindicar. – Se houvesse questões que, entretanto, clamassem por uma resposta unificada, sua relação com a filosofia seria fundamentalmente diferente daqueles problemas filosóficos em geral. Em resposta a tais problemas, há a constante tendência de se inquirir além; uma tendência que levou a uma fala superficial, de modo que a filosofia se torna uma tarefa infinita. O anseio por uma unidade que não pode ser alcançada por perguntas leva, de maneira frustrada, à alternativa que poderia ser denominada como uma contra-questão. Essa contra-questão, então, persegue a unidade perdida da pergunta, ou procura por uma questão superior, o que significaria, simultaneamente, a busca por uma resposta unificada. [–] Se tais perguntas (perguntas que buscam uma unidade), existissem, suas respostas não permitiriam nem um questionamento posterior, nem um contra questionamento. Mas tais questões inexistem; o sistema da filosofia como tal não pode ser interrogado. E a essa questão virtual (que pode ser inferida somente através da pergunta), só poderia existir uma resposta óbvia: o próprio sistema da filosofia. Não obstante, existem construtos que carregam a mais profunda afinidade com a filosofia ou, melhor dito, à forma ideal de seu problema, sem constituir eles mesmos a filosofia – ainda que eles não sejam a resposta àquela pergunta hipotética, nem hipotéticos, nem mesmo pergunta. Estes construtos que são, portanto, efetivos, e não virtuais, e que não são nem perguntas nem respostas, são obras de arte. Obras de arte não competem com a filosofia, mas entram, apesar disso, em profunda relação com ela pela afinidade com o ideal de seu problema. O ideal do problema filosófico é uma ideia que pode ser denominada como um ideal porque se refere não à forma imanente do problema, mas ao conteúdo transcendente de sua solução, ainda que unicamente pelo conceito do problema e, assim, pelo conceito de que possui uma resposta unificada ao problema. De acordo com uma legalidade que é provavelmente fundamentada na essência do ideal como tal, o ideal do problema filosófico pode ser representado somente em uma multiplicidade (assim como o ideal do conteúdo puro na arte é encontrado na pluralidade das Musas). Assim, a unidade da filosofia pode, a princípio, ser explorada somente em uma pluralidade ou multiplicidade de questões virtuais. Essa multiplicidade permanece murada na multiplicidade de verdadeiras obras de arte, e promovê-la é a tarefa da crítica. O que a crítica busca provar sobre uma obra de arte é basicamente a possibilidade virtual de formulação de seus conteúdos como problema filosófico e o que a faz se suspender momentaneamente (com reverência à própria obra de arte, mas igualmente com reverência à filosofia), é a formulação efetiva do problema. Pois a crítica chega à sua formulação ao assumir (o que nunca é bom), que a interrogação do sistema filosófico como tal é possível. Em outras palavras, a crítica afirma que, se o sistema fosse completo, seria porque ele teria sido interrogado durante a investigação de um problema após outro. A crítica faz com que o ideal do problema filosófico se manifeste na obra de arte ou então que entre em uma de suas manifestações. Se, contudo, a crítica deseja falar da obra de arte como tal, ela pode somente dizer que a obra de arte manifesta esse ideal. A multiplicidade das obras de arte é harmoniosa, como perceberam os Românticos. E como eles também suspeitaram, essa harmonia não floresce de um princípio vago peculiar à arte e implícito somente a ela. Ao contrário, ela surge do fato de que obras de arte são modos pelos quais o ideal do problema filosófico se manifesta.

Quando afirmamos que tudo que é belo de algum modo se relaciona àquilo que é verdadeiro, e que seu lugar virtual na filosofia é determinável, estamos dizendo que é possível descobrir uma manifestação do ideal do problema filosófico em cada obra de arte. Não só, devemos adicionar a isso o fato de que tal manifestação pode ser atribuída a todo problema filosófico como sua aura [*Strahlenkreis*]. A cada ponto a aproximação hipotética em direção à unidade a ser interrogada se faz disponível, e a obra de arte na qual está contida é, portanto, relacionada a certos problemas filosóficos autênticos, ainda que possa ser distinguida deles de maneira precisa.

Corresponde-se a essa manifestação do verdadeiro, assim como da verdade individual na obra de arte singular, a manifestação da beleza naquilo que é verdadeiro. Essa é a manifestação da totalidade coesa e harmoniosa do belo na unidade da verdade. *O Banquete* de Platão, em seu ápice, lida com esse tópico. Sua mensagem é a de que a beleza alcança essa manifestação virtual somente na verdade como um todo.

O que permanece a ser investigado é o solo comum para essas duas relações entre arte e filosofia.

(O verdadeiro: unidade. O belo: multiplicidade na montagem de uma totalidade.)

(Talvez também exista uma relação virtual entre outros domínios. Não poderia a moralidade aparecer virtualmente na liberdade?)

Comparação: suponhamos que você conheça uma pessoa jovem que é bela e atraente, mas que parece esconder um segredo. Seria insensível e repreensível a tentativa de penetrar e arrancar dela este segredo. No entanto, é sem dúvida permitido inquirir se ela possui irmãos, para ver se sua natureza não pode, talvez, explicar de algum modo o caráter enigmático do estranho. É exatamente deste modo que o verdadeiro crítico investiga sobre os irmãos da obra de arte. E toda grande obra de arte tem seu irmão (irmão ou irmã?) no reino da filosofia.

Assim como a filosofia faz uso de conceitos simbólicos para atrair a ética e a linguagem para o reino da teoria, também é possível que a teoria (lógica), seja incorporada à ética e à linguagem numa forma simbólica. Vemos então a emergência da crítica ética e estética.

Druckvorlage: Benjamin-Archive, Ms, 703 f

A primeira forma de crítica que se recusa a julgar

I.

A primeira forma de crítica que se recusa a julgar. A tarefa inicial é apresentar o ponto de vista subjetivo do próprio crítico. Conectada à experiência da leitura. Sealsfield[35]: não há nada mais bonito do que se deitar em um sofá e ler um romance. A mudez do grande fisio<g>nomista. Ler as maiores tradições da fisio<g>nomia. Insistir muito nisso. Como consequência haverá verdade objetiva como antítese desta opinião [*Auffassung*] subjetiva. Isto quer dizer, a visão [*Einsicht*] de Goethe de que trabalhos clássicos não permitem, de

[35] Charles Sealsfield (Carl Anton Postl, 1793-1864), foi um democrata e escritor austro-estadunidense, autor de romances, na esteira do Romantismo, escritos em alemão e situados em paisagens estadunidenses (N. d. T.).

fato, que sejam julgados. É imperativo tentar interpretar essa sentença. Diversas tentativas: por exemplo, a interpretação de que trabalhos clássicos são a fundamentação de nosso julgamento, e, portanto, não podem ser dele objeto. Mas isto é extremamente superficial. Mais profundo: o fato de que a exegese, as ideias, a admiração e o entusiasmo das gerações passadas se tornaram parte indissolúvel das obras clássicas e os tornaram imagens-espelho [*Spiegelgalerien*] de gerações posteriores. Ou algo nestas linhas. E aqui, no mais alto estágio de investigação, é vital desenvolver uma teoria da citação – uma vez que a citação foi discutida sob a rubrica da técnica. O que emerge neste estágio mais alto <:> tanto a crítica estratégica, polêmica escolástica quanto uma forma exegética, comentadora, são antíteses que superam a si mesmas se mantendo [*sich aufheben*], se fundindo numa crítica cujo único *medium* é a vida, a sobrevivência [*Fortleben*] das obras elas mesmas.

II.

Ainda que a crítica deva se divorciar da história literária, o foco exclusivo no novo e no atual deve ser igualmente letal. Indicar que essa teoria da crítica como uma forma manifesta [*Erscheinungsform*] da vida da obra possui uma conexão com minha teoria da tradução.

<fr. 136>

Falsa crítica

A apresentação toda desta seção será examinada à luz do conceito de corrupção objetiva e relacionada a condições atuais.

A distinção entre crítica pessoal e crítica objetiva [*sachlichen*], que é usada para trazer à tona polêmicas descreditadas, é um instrumento principal de corrupção objetiva. Toda a seção prescritiva atinge seu ápice em um resgate da polêmica. Isto remonta à asserção de que, em nossos dias, a imagem de Karl Kraus parece ser aquela do campeão único do poder e técnica da arte da polêmica. A precondição de sua maestria sobre a polêmica é o fato de que ele ataca as pessoas menos pelo o que elas são do que pelo que elas fazem, mais pelo que elas dizem do que pelo que elas escrevem – e menos ainda pelos seus livros que, de acordo com noções aceitas de crítica, constituem o único objeto de estudo. O polemista engaja sua pessoa toda. Kraus vai além. Ele torna sua própria pessoa em vítima. O significado disto deve ser desenvolvido.

Expressionismo como a base da corrupção objetiva. (Kraus sempre foi intransigentemente contra). O expressionismo é a mímica do gesto revolucionário sem qualquer fundamento revolucionário. Entre nós, ele foi superado somente por uma mudança da moda e não de modo crítico. É por isso que toda sua perversão conseguiu sobreviver de forma diferente na *Neue Sachlichkeit* que o sucedeu. Ambos os movimentos baseavam sua solidariedade em seus esforços para chegar a um acordo com a experiência da guerra do ponto de vista da burguesia. O expressionismo opera essa tentativa em nome da humanidade; subsequentemente, isto foi feito em nome da objetividade. Os trabalhos dos escritores alemães mais recentes são marcos em um trajeto no qual uma curva à esquerda ou à direita pode ser feita a qualquer momento. São obras de uma casta entre as classes que está em seu mais alto estado de alerta. Esse *tendencismo sem tendência*, que deixou sua marca na literatura desde o expressionismo, é mais bem definido pelo fato de que não há mais nenhum feudo entre círculos literários. Todo autor quer provar uma única coisa: que ele dominou o maneirismo mais recente. É por isso que os novos manifestos são constantemente assinados por velhos nomes. Raramente houve uma era em que os velhos galgam tão fortemente os passos dos jovens.

Ninguém clama aquilo que é essencial, ou mesmo útil, para que a crítica seja baseada diretamente em ideias políticas. Mas isso é absolutamente indispensável para a crítica polêmica. Tanto mais individualmente o pessoal é trazido adiante, mais necessário se torna que o crítico e seu público concordem sobre a imagem da época que lhe sirvam como pano de fundo e realce. Toda figura autêntica da época, entretanto, é política. O estado deplorável da crítica na Alemanha resulta do fato de que mesmo em casos extremos de comunismo, as estratégias políticas não coincidem com as literárias. Esse é o infortúnio do pensamento crítico e talvez, também, do político.

Se o pessoal predomina na polêmica bem-sucedida, isso se dá meramente por uma instância extrema da verdade geral de que a objetividade crítica, que pode somente expressar o julgamento individual – em cada caso e sem concepção mais ampla – é sempre insignificante. Essa "objetividade" não é mais do que o anverso da natureza acidental e da falta de autoridade da empreitada da resenha, com a qual o jornalismo destruiu a crítica.

É consistente com essa objetividade (que pode ser chamada de "nova", mas também de "inescrupulosa"), que, em seus produtos, sua assim chamada boa-fé sempre resulta como nada mais do que a reação "temperamental" de uma mente crítica "original" – aquele ser desinibido e sem-preconceitos do qual a crítica burguesa tanto se orgulha e cuja linguagem gestual, incorporada indiscretamente em Alfred Kerr[36], é simplesmente o zelo servil com o qual o resenhista literário satisfaz a demanda de esboços de caráter, temperamentos, originais e personalidades. A integridade do resenhista literário é um esforço por efeitos; e quanto maior o tom de sua convicção, maior seu mau hálito.

A reação do expressionismo, por outro lado, era patológica, mais do que crítica. Se esforçou em ultrapassar a época que lhe havia parido em se tornando sua expressão. O negativismo do Dada foi muito mais revolucionário. E no fundo do movimento Dada prevaleceu uma solidariedade muito maior da *intelligentsia* alemã com a francesa. Ali onde o movimento surrealista nasceu, no entanto, o pensamento na Alemanha foi emasculado, e a bandeira da Nova Objetividade se desfraldou. As verdadeiras tendências deste último movimento podem ser aferradas somente por meio de uma comparação com o surrealismo. Ambos são manifestações de uma regressão a 1885. Por um lado, uma regressão a Sundermann e, por outro, a Ravachol. De qualquer modo, há uma diferença entre os dois.

« Quand on soutient un mouvement révolutionnaire, ce serait en compromettre le développement que d'en dissocier les divers éléments au nom du goût »[37] (Guillaume Apollinaire).

---

[36] Alfred Kerr (1867-1948), foi um escritor, crítico de teatro e jornalista alemão naturalizado britânico e alcunhado "Kulturpapst" (Papa da cultura), dada sua importância (N. d. T.).

[37] "Quando se apoia um movimento revolucionário, se-

Com estas palavras, Apollinare condenou também a crítica jornalística que continua a falar em nome do gosto. Pois o que caracteriza a indústria da resenha ordinária é sua indulgência irrestrita contida em suas próprias reações (o resultado é a famosa "opinião própria"), e sua pretensão de que uma estética ainda exista, ainda que ela não exista mais há muito tempo. Na verdade, o ponto de partida da crítica deve ser a percepção de que critérios estéticos são, em todos os casos, completamente desvalorizados. Tampouco eles podem ressuscitar da velha estética por uma forma de "atualização", não importa quão engenhosa. Ao contrário, a crítica deve – inicialmente, pelo menos – se basear em um programa que deve ser comprometido com uma política revolucionária caso ela queira abordar os desafios diante dessa política. (A afirmação de Apollinaire não é nada senão um chamado a tal programa). Mesmo a velha estética, como em Hegel, continha os maiores vislumbres para o mundo contemporâneo. Mas o crítico moderno pensa esses velhos esquemas conceituais em termos absolutos, tanto quanto ele desconsidera as obras.

Tentativa de ilustrar a efetividade genuinamente mediada da escrita revolucionária em referência aos trabalhos de Karl Krauss. A aparência conservadora de tal escrita. Uma vez que ela se foca no melhor que foi produzido pela classe burguesa, ela mostra de for-

---

ria comprometedor a seu desenvolvimento dissociar seus vários elementos em nome do gosto" (N. d. T).

ma exemplar que as coisas mais valorosas que essa classe criou devem ser sufocadas entre a burguesia e podem ser conservadas somente por uma postura revolucionária. Mas também ensina que os métodos pelos quais a burguesia construiu seu conhecimento derrubarão aquele conhecimento hoje, caso sejam aplicados rigorosamente e sem oportunismo.

Com a Nova Objetividade, a crítica finalmente adquiriu a literatura que merece.

Nada caracteriza nossa indústria da literatura melhor do que a tentativa de produzir um grande efeito por meio de um baixo custo em termos de esforço. As apostas dos editores substituem a responsabilidade literária. É absurdo se comportar como os escritores da Nova Objetividade, reclamando efeitos políticos sem comprometimento individual. Esse comprometimento pode ser prático e consiste em uma ação disciplinada dentro de um partido político; ele pode também ser literário e consistir na publicidade da vida privadas baseada em princípios – uma onipresença polêmica tal qual praticada pelos surrealistas na França e por Karl Kraus na Alemanha. Os escritores de esquerda não praticam nem uma coisa nem outra. É por isso que é importante parar de competir com eles pelo direito de deter a posse sobre um programa de "literatura política". Pois todos os que se aproximam do caráter mediador – e mais ainda, do efeito mediador – da escrita burguesa séria reconhecem que as distinções entre escrita política e não-política se tornam, neste momento, baças, enquanto a distinção entre programas de escrita oportunistas e radicais se destacam de forma mais clara.

Nós podemos dizer de toda aproximação à arte que qualquer análise que falhe em desvelar as relações escondidas na obra, e assim, aquelas que não estão contidas no trabalho, perde de vista o objeto sob escrutínio. Enxergar dentro do trabalho significa prover um relato mais preciso sobre os meios em que o teor de verdade e o teor coisal da obra se interpenetram. De todas as formas, uma forma de crítica que não estabelece nenhuma solidariedade com a verdade contida no trabalho, e que retém uma mirada somente no exterior, não tem nenhum apelo para nosso reconhecimento. Infelizmente, entretanto, este é o caso com quase tudo que leva o nome de crítica marxista. Em quase todo exemplo, o que achamos é um traçado grosseiro das linhas das obras em si mesmas, enquanto o conteúdo social – senão a tendência social – permanece parcialmente na superfície. Mas isso não leva de forma alguma ao interior da obra; somente a afirmações sobre ela. Ao contrário, a esperança marxista de que é possível olhar para dentro da obra com o olhar de um sociólogo está amaldiçoada à frustração. Uma estética dedutivista, que não há quem careça mais do que a marxista, ainda não foi divisada. Somente no interior da obra, onde teor de verdade e teor coisal se encontram, a esfera da arte é definitivamente abandonada. Em seu limiar, todas as aporias estéticas também desaparecem – a querela entre forma e conteúdo e assim por diante.

A estrutura da seção final será agrupada entre estes temas: (1) as obras pervivem [*Fortleben*]; (2) a lei governando sua pervivência é aquela do encolhimento; (3) com a pervivência das obras, seu caráter como arte regride; (4) uma forma bem sucedida de crítica rompe com os limites do domínio estético; (5) a técnica da crítica mágica.

Oposição das categorias "totalidade" (*Gestaltqualität*) e "autenticidade" [*Echtheit*].

<fr. 142>

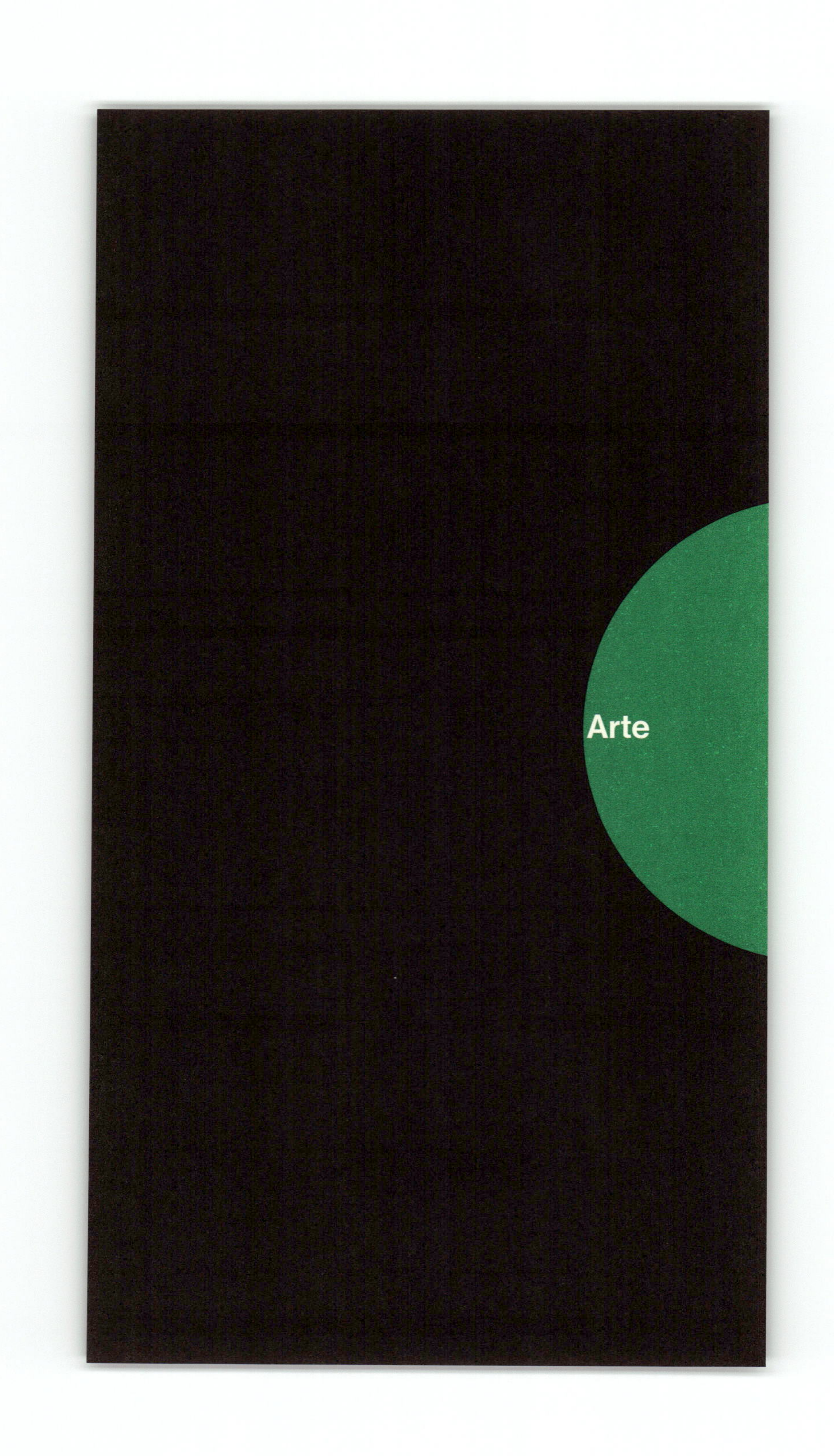
Arte

O *Medium*[38] através do qual obras de arte continuam a influenciar épocas posteriores

O *Medium* através do qual obras de arte continuam a influenciar épocas posteriores é sempre diferente daquele por meio do qual afetaram sua própria época. Além do mais, naqueles tempos, seu impacto em trabalhos mais antigos também mudava constantemente. Não obstante, esse *Medium* é sempre relativamente mais fraco do que aquele que

---

[38] Escolhemos manter o termo *Medium* no original em alemão (mantendo a maiúscula inicial particular ao substantivo), na medida em que ele se difere das traduções correntes "mídia" e "meio". Para Benjamin, o *Medium* é o campo de ocorrência da percepção. Não se refere às tecnologias ou aos modos representativos, portanto, mas às implicações políticas, epistemológicas e artísticas promovidas através de tal *Medium* (da percepção) (N. d. T.).

influenciou os contemporâneos no momento da criação. Kandinsky expressa isso ao dizer que o valor permanente de obras de arte aparece mais vividamente a gerações posteriores, uma vez que são menos receptivas perante seu valor contemporâneo. Contudo, talvez o conceito de "valor permanente" não seja a melhor expressão da relação. Deveríamos, ao invés disso, investigar qual aspecto da obra (bem à parte da questão do valor), realmente parece mais evidente a gerações posteriores do que àquelas contemporâneas.

À pessoa criativa, o *Medium* que circunda seu trabalho é tão denso que ela pode se encontrar incapaz de penetrá-lo diretamente em termos de uma resposta que requer do público; tal pessoa também pode ser capaz de penetrá-lo somente de forma indireta. O compositor pode, talvez, ver sua música, o pintor, ouvir seu quadro ou o poeta sentir o contorno de seu poema quando procura se aproximar dele o máximo possível.

<fr. 96>

A fórmula pela qual a estrutura dialética do filme encontra expressão

A fórmula pela qual a estrutura dialética do filme – filme considerado em sua dimensão tecnológica – encontra expressão, se dá da seguinte forma: imagens descontínuas dão lugar umas às outras numa sequência contínua. Uma teoria do filme deveria tomar em conta ambos estes fatores. Primeiramente, em respeito à continuidade, não se pode ignorar o fato de que a linha de produção, que desempenha um papel fundamental no processo de produção, é de algum modo representada pelo rolo de película no processo de consumo. Ambos vêm a ser mais ou menos ao mesmo tempo. O significado social de um não pode ser totalmente compreendido sem o outro. Seja como for, nosso entendimento disto está ainda em seus estágios iniciais. [–] Não é exatamente o caso com o outro elemento, a descontinuidade. Considerando-se seu significado, temos no mínimo um apontamento muito importante: é o fato de que os filmes de Chaplin obtiveram o maior dos sucessos até agora. A razão para isso é bem evidente. O modo em que Chaplin se move [*Gestus*] não é realmente o de um ator. Ele não poderia ter causado impacto no palco. Sua significância única reside no fato de que, em seu trabalho, o ser humano é integrado à imagem do filme por meio de seus gestos – isto é, sua postura corporal e mental. A inovação dos gestos de Chaplin é a de que ele disseca os movimentos expressivos [*Ausdrucksbewegung*] dos seres humanos em uma série de minutas enervações. Cada movimento singular que ele realiza é composto de uma sucessão de pequenos pedaços de movimento em *staccato*[39]. Seja em seu caminhar, no modo em que manipula sua bengala, ou na maneira em que ergue seu chapéu – sempre a mesma sequência espasmódica de pequenos movimentos aplica a lei da sequência da imagem cinematográfica às funções motoras humanas. É mister descobrir o que faz deste comportamento algo distintivamente cômico.

Druckvorlage: Benjamin-Archiv, Ms 1011

[39] O *staccato* é uma forma de execução musical em que uma nota é marcadamente distinta das anteriores e posteriores (N. d. T.).

Nota sobre Brecht

<Heinrich> Blücher[40] observa corretamente que certas passagens no *Lesebuch für Städtbewohner* (*Guia para os Habitantes das Cidades*) não são mais do que formulações de práxis da GPU[41]. Isto confirma, de um ponto de vista oposto ao meu, aquilo que chamo de caráter profético destes poemas. O fato é que, nestes versos aos quais me refiro, podemos ver os procedimentos nos quais os piores elementos do partido comunista ressoam com aqueles mais inescrupulosos do Nacional-Socialismo.

[40] Heinrich Friedrich Ernst Blücher (1899-1970), foi um poeta e filósofo alemão. Blücher e Benjamin eram amigos e conviveram intensamente nos anos de exílio de Paris, quando Blücher se aproxima de Hannah Arendt, de quem será o segundo marido (N. d. T.).

[41] "Diretório Político do Estado". GPU é a sigla referente às organizações soviéticas de polícia secreta de serviços de inteligência e contra-inteligência (N. d. T.).

Blücher está certo em objetar o comentário ao terceiro poema do *Lesebuch*[42] baseado no fato de que Hitler não foi o primeiro a importar o sadismo à prática descrita, aplicando-a aos judeus, ao invés de aos exploradores; ao contrário, ele argumenta, um elemento sádico já estava implícito na "expropriação dos expropriadores" conforme descrita por Brecht. E nos parênteses que concluem o poema ("Assim é como falamos aos nossos pais"), prova conclusivamente que o que está envolvido aqui é uma expropriação dos expropriadores que não está a favor do proletariado, mas a favor de expropriadores mais poderosos – isto é, os jovens. Essa observação revela a cumplicidade entre esse poema e a atitude dúbia do grupelho expressionista ao redor de Arnolt Bronnen[43].

---

[42] *Não queremos deixar sua casa/Não queremos derrubar o fogão/No fogão queremos pôr a panela/Casa, fogão e panela podem ficar/E você deve desaparecer como a fumaça no céu/A qual ninguém segura. Se tentar agarrar-se a nós, iremos embora/Se sua mulher chorar, esconderemos a cara no [chapéu/Mas quando vierem buscá-lo, apontá-lo-emos/E diremos: deve ser ele./Não sabemos o que virá e não temos nada melhor [que isso. Mas você não queremos mais./Enquanto você não se for/Fecharemos as janelas para que não amanheça. As cidades podem mudar/Mas você não pode mudar./As pedras, tratamos de persuadi-las/Mas você queremos matar/Você não tem de viver./Das mentiras em que sempre haveremos de [acreditar: Você não pode ter existido. (Assim falamos com nossos pais).* In. Bertolt Brecht. *Do Guia para os habitantes da cidade*. Trad. e Org. Tercio Redondo. São Paulo: Fundação Rosa Luxemburgo, 2017 (N. d. O.).

[43] Arnolt Bronnen (1895-1959), foi um dramaturgo e diretor austríaco. Sua peça mais conhecida é "Parricídio" (Vatermord), de 1928, em cujo elenco original contava o jovem Brecht (N. d. T.).

– É possível que o contato com trabalhadores revolucionários tenha prevenido Brecht da transfiguração poética dos erros perigosos e momentâneos aos quais o movimento dos trabalhadores foi levado pelas práticas da GPU. De qualquer modo, o comentário, na forma que lhe dei, é uma falsificação piedosa que obscura o alcance ao qual Brecht está implicado no desenvolvimento em questão.

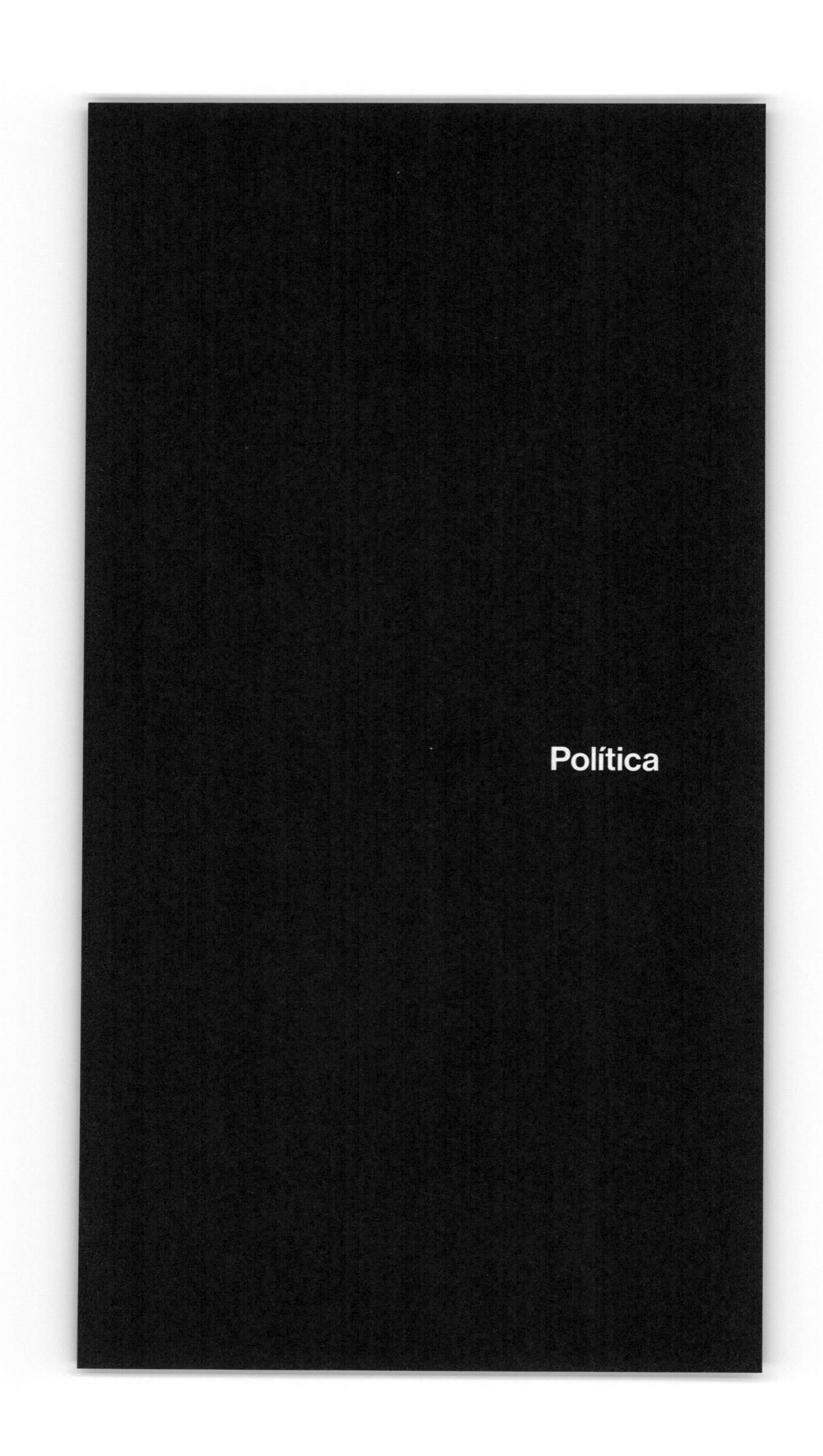
Política

Fundamento da moral

O interesse moral mais alto do sujeito é o de que ele mesmo permaneça anônimo. "Senhor, garanta-me a contemplação de meu coração e de meu corpo sem desgosto", diz Baudelaire. Esse desejo só pode ser realizado quando o sujeito permanece anônimo a si mesmo. Na verdade, somente se ele evita se conhecer. Na pior das hipóteses, ele consegue se conhecer integralmente. O anonimato do sujeito moral é baseado, portanto, em uma dupla reserva. Primeiro: posso esperar tudo de mim mesmo; confio em mim mesmo para fazer tudo. Em segundo lugar: confio em mim mesmo para fazer tudo, mas não posso provar nada.

<fr. 4 r>

A ética aplicada à história

A ética, aplicada à história, é a doutrina da Revolução aplicada ao Estado.

A doutrina da anarquia seria aplicada de alguma outra forma?

Burguesia mundial História Mundial Direito mundial	História de Deus
A. Ética pura Ética aplicada	Doutrina da liberdade I. História: Doutrina da Revolução II. Estado: Doutrina da Anarquia.
B. Filosofia do Direito Pura Aplicada	I. História: Doutrina da História Mundial como desenvolvimento II. Doutrina da Soberania (Monaquia–Democracia)

C. Moral Pura	Doutrina da Ação Doutrina da Justiça
Moral aplicada	I. História: Doutrina da Justiça II. Moral: Doutrina da Teocracia

A História Mundial se difere da História de Deus em três momentos:

1. Nela está separado aquilo que é uno da História de Deus.
2. O que não possui *index* temporal na História de Deus, nela, possui (por exemplo a Revolução – o Início – Julgamento Final – Fim).
3. Nela, tudo se dá temporalmente (revoluções temporais, julgamentos mundanos temporais).

A categoria mais elevada da História Mundial que garante a unidade dos eventos é a culpa [*Schuld*]. Cada momento da História Mundial é culpado e culpabilizante. Causa e efeito não podem nunca ser categorias para a estrutura da História Mundial, pois não podem determinar a totalidade. A lógica deve provar a proposição de que nenhuma totalidade pode ser causa ou efeito. A concepção racionalista de história se engana ao enxergar qualquer totalidade histórica (isto é, o estado do mundo), como causa ou efeito. Um estado do mundo é sempre exclusivamente culpa (em relação a um estado posterior).

Deve-se examinar se isto se dá para culpar tal estado em relação a um outro, anterior (análogo à forma em que todo estágio mecânico é tanto causa como efeito). [Possivelmente não]. De novo: nenhuma totalidade é causa ou efeito e nenhuma causa ou efeito são totalidades. Isto significa que a totalidade pode conter um sistema de causa e efeito, mas não pode ser jamais definida por tal sistema.

O rebelde	O indivíduo histórico
O senhor	A pessoa histórica

A relação entre História Mundial e História de Deus é uma exploração e exposição metódica da exploração da série de relatos históricos.

"Moral". Título da segunda parte do sistema. "Filosofia moral" é uma tautologia estúpida. Moralidade não é mais do que a quebra da ação na recognoscibilidade, algo da esfera do conhecimento. O que a moral não é: disposição.

<fr. 65>

O direito ao uso da força. *Folhas sobre socialismo religioso I 4*[44]

I.

1) O que é essencial ao sistema legal é a tendência de reagir com o uso da coerção contra as tentativas de rompê-lo, mantendo ou restaurando pela força seu estado correto.

A justificativa desta sentença correta em referência à tendência intensa de concretiza-

[44] Conforme explicitado no sexto volume dos *Gesammelte Schriften*, não se sabe a qual obra este texto de Benjamin se referenciava enquanto resenha. Entretanto, fica clara a tentativa de uma obra planejada. Ao fazer referência ao ensaio perdido "Vida e Violência", estima-se que este texto deva ter sido escrito após abril de 1920. A referência de Benjamin à filosofia moral se remete diretamente ao <fr. 65>, acima e ambos atestam ideias e temas que subjazem ao ensaio de Benjamin "Sobre a Crítica da Violência" (N. d. O).

ção da lei está errada. Trata-se de uma realidade subordinada à qual a lei se dirige e sobre o ritmo impacientemente violento em que a lei se efetiva em seu próprio tempo, em contraste com o Bom (?). Ritmo de espera em que o acontecimento messiânico se realiza.

2) "Somente o Estado exerce um Direito de uso da força" (e cada uso da força, por sua vez, requer um Direito específico).

Se o Estado é conceituado e estabelecido como a instituição jurídica suprema, a sentença 1) implica a validade necessária da sentença mesma. 2) Para isso, é irrelevante se o Estado atua como a instituição jurídica suprema por conta própria ou pelo exercício de poder de outrem, em outras palavras, a sentença 3) também se aplica à teocracia terrena. É inconcebível um outro significado do Estado em relação à ordem legal diferente de um dos dois mencionados na frase anterior.

II[45,46]

Opções críticas

A. Negar o Direito ao uso da força para o Estado e para o indivíduo.

---

[45] No sentido dessas disjunções, o indivíduo não está em oposição à Comunidade dos vivos, mas ao Estado (Nota do Autor).

[46] As possibilidades apresentadas aqui se aplicam tanto às relações entre Estados quanto aos cidadãos (Nota do Autor).

B. Reconhecer incondicionalmente o Direito ao uso da força para o Estado e para o indivíduo.
C. Reconhecer o Direito do Estado de uso da força.
D. Reconhecer o Direito de uso da força apenas para o indivíduo.

Sobre A). Esta visão é a que o locutor denomina "anarquismo ético". Sua refutação não pode ser mantida de forma alguma. Isto porque I) um nível de herança "obrigatório" do nível cultural, que se supõe justificar o uso da força é uma *contradictio in abjecto* (.) 2) É um erro tipicamente moderno, baseado em hábitos mecanicistas de pensamento, considerar que a ordem de qualquer status cultural possa ser erigida a partir de dados mínimos, tais quais a preservação da existência física. De fato, talvez seja possível identificar índices de status cultural que possam ser definidos como a meta da luta: mas esses certamente não são o mesmo que os dados mínimos. 3) É absolutamente errada a consideração de que a luta pela existência no Estado constitucional se torna uma luta pela justiça. Ao contrário, a experiência mostra claramente o oposto. E isso é necessário porque, aparentemente, a lei só se afirma pelo bem da justiça ou, na verdade, pelo bem da vida, para que se afirme a própria vida contra a culpa própria. No direito, a força normativa real se aplica sempre ao factual no caso decisivo. 4) A consideração de que a compulsão, a despeito de tudo que o sujeito ético possa ter contra ela, "influencia a atitude interior das pessoas" (,) se baseia em um desajeitado *quaternio terminorum*, na medida em que "atitude interior" se confunde com "atitude moral". De outro modo, este argumento não é conclusivo sob uma consideração ética – ao contrário, o assim chamado "anarquismo ético" é obsoleto devido a considerações completamente diferentes. Ver meu ensaio "Vida e Violência" [*Leben und Gewalt*][47].

Sobre B) Esta visão, que o locutor lista em II, 2) é em si mesma contraditória. Pois o Estado não é uma pessoa perante outras, mas a instituição jurídica suprema, em que, reconhecido como na sentença acima, exclui o reconhecimento incondicional do uso da força por parte dos indivíduos.

Entretanto, o locutor parece adotar essa perspectiva, uma vez que reconhece a violência exercida contra ele pelo indivíduo sem recusar o Estado.

Sobre C) Esta sentença pode ser representada em princípio ali onde prevalece a visão de que a ordem moral sempre assume a forma de uma ordem jurídica que só pode então ser pensada como mediada pelo Estado. A respectiva lei aplicável reclama o conhecimento desta sentença sem fazê-la cumprir. (Dado o estado atual das coisas, sua implementação é dificilmente concebível).

Sobre D). O locutor contempla a impossibilidade factual desta visão claramente delineada, de modo que não consegue nem mes-

[47] Este ensaio foi perdido (N. d. T.).

mo elucidar sua possibilidade lógica como um ponto de vista peculiar, chamando-a, antes, de uma aplicação inconsistente do anarquismo ético, mas entende que deve ser defendida na medida em que, por um lado (ao contrário de em A), não há nenhuma contradição de princípio entre violência e moralidade e, por outro, (ao contrário de em C), surge uma contradição de princípio entre moralidade e Estado (por exemplo, no direito). A apresentação deste ponto de vista é uma das tarefas de minha filosofia moral, no contexto em que o termo anarquismo ético pode muito bem ser usado para uma teoria que negue o direito moral não da violência em si, mas da violência em toda instituição, comunidade ou individualidade humanas (,) que garantam para si seu monopólio ou mesmo garantam apenas seu direito em princípio e, de modo geral, sob alguma perspectiva específica, ao invés de tê-la como um dom do poder divino, tal qual um aperfeiçoamento do poder em casos individuais.

Dois comentários ao posfácio do editor

O "anarquismo ético" é de fato um programa político, isto é, um plano de conduta que se desenvolve com vista à emergência [*Werden*] de um novo Estado cosmopolita, que contradiz a si mesmo. Há, entretanto, muito a ser dito contra as outras declarações que se opõem a tal Estado. I) Quando o ditame é o de que "todo aquele que não está plenamente maduro" não dispõe efetivamente de nenhum outro meio de se contrapor a ataques violentos, a resposta é a de que o maduro muitas vezes dispõe de muito pouco (e em geral nada tem a fazer com a maturidade), e o "anarquismo ético" também quer sugerir nada menos do que um meio contra a violência. 2) Nada se pode dizer contra o "gesto" da não-violência que, por exemplo, leva ao martírio. Na moralidade, de fato, se a palavra de Mignon "Deixe-me brilhar até que eu seja", se aplica. Nenhuma aparência se transfigura como tal. 3) Quanto aos prognósticos acerca do sucesso político de uma ausência de resistência, tanto quanto à soberania eterna da violência na terra, não devemos dispensar o maior dos ceticismos, especialmente em relação à tese precedente (-) consoante a violência seja compreendida como uma ação física.

Por outro lado (tão irrelevante quanto o "anarquismo ético" à política, conforme indicado abaixo), 2) uma ação apropriada a tal conduta pode elevar a moralidade do indivíduo ou da comunidade ao nível mais alto em que sofrem, pois a resistência violenta não parece ser divinamente ordenada. Se as comunidades de judeus da Galícia se deixam derrotar sem resistência em suas sinagogas, isto nada tem a ver com o "anarquismo ético" como programa político, mas com a mera "não resistência ao mal" como ato moral sob luz sagrada.

II) É necessário tomar uma decisão geralmente vinculativa sobre o direito ao uso da força – e isto é possível (,) porque a verdade sobre a moralidade não para na quimera da liberdade moral. – Se alguém se engajar em *argumentatio* e *dissertatio ad hominem* e, portanto, desconsiderar o que acabou de ser dito, uma decisão subjetiva de reivindicar ou renunciar à ação violenta in abstracto não deve ser considerada de fato, porque uma decisão subjetiva, uma decisão, parece concebível apenas diante de certos objetivos do desejo.

<fr. 76>

A masculinidade diminuta de Hitler

A masculinidade diminuta de Hitler – a comparar com o elenco feminino do vagabundo expresso por Chaplin.

Tanto luxo envolto em tanta degradação.

Seguidores de Hitler a comparar com o público de Chaplin. Chaplin – o arado que corta as massas; o riso relaxa a massa. O terreno do Terceiro Reich está bem fixado e nenhuma grama cresce mais nele.

A proibição de marionetes na Itália, a dos filmes de Chaplin no Terceiro Reich – qualquer marionete pode trazer o queixo de Mussolini, e cada polegada de Chaplin pode se tornar o Führer.

O pobre diabo quer ser levado a sério e, por isso, deve invocar o inferno inteiro.

A docilidade de Chaplin é aparente a todos os olhos; a de Hitler somente a seus clientes. Chaplin mostra a comédia da gravidade de

Hitler; é quando ele atua como um homem bem cultivado que sabemos o que há de específico no Führer.

Chaplin se tornou o maior dos cômicos porque ele incorporou em si os medos mais profundos de seus contemporâneos.

A chave da moda para Hitler não é a imagem do homem militar, mas aquela de um senhor em circunstâncias fáceis. Os emblemas feudais de autoridade estão datados; resta somente a moda masculina. Chaplin também olha para a moda masculina, e faz isso para tomar a palavra desta casta senhorial. Sua bengala é a vareta através da qual o parasita rasteja (o vagabundo é um parasita não menos do que o cavalheiro), e seu chapéu coco, que não se acomoda de forma tão segura em sua cabeça, trai o fato de que o mando da burguesia está vacilando.

Seria errado interpretar a figura de Chaplin sob uma luz puramente psicológica. Raramente tais figuras populares falham em levar com elas variadas propriedades ou emblemas que, de fora, lhes dão o tom apropriado.

No caso de Chaplin, esse papel é desempenhado por seus apetrechos – a bengala e o chapéu coco.

"Isso acontece só uma vez na vida, e nunca se repete". Hitler não aceitou o título de presidente do Reich; seu objetivo era passar para o povo a singularidade de sua aparência. Essa singularidade funciona em favor de seu prestígio magicamente transposto.

<fr. 75>

Jornalismo

Paralela a toda solenidade que envolve o voo transatlântico do Lindbergh, podemos nos permitir o arabesco de uma piada: o pendor divertido da frivolidade lamentável com a qual os jornais vespertinos de Paris anunciaram prematuramente, ao longo de três semanas, o triunfo de Nungesser e Coli. Os mesmos periódicos estão agora expostos pela segunda vez. Eles devem isso a uma ideia concebida por um aluno da *École Normale* – uma ideia que Karl Krauss talvez invejasse. Essa École Normale, como é bem sabido, é a celebrada escola pública francesa que admite, todo ano e após rigorosos exames, um grupo seleto de candidatos da elite. Na tarde do primeiro dia que Charles Lindbergh passou em Paris, alguém telefonou aos editores do periódico com a notícia de que a École Normale havia decidido declarar o aviador um “ex-aluno”; e todos os jornais imprimiram a notícia. Na Escolástica medieval, existia uma escola que descrevia a onipotência de Deus do seguinte modo: Ele podia alterar mesmo o passado, desfazer o que realmente havia acontecido, e realizar aquilo que nunca havia acontecido. Como podemos ver no caso dos esclarecidos editores de jornais, Deus não é necessário para essa tarefa; é preciso somente um burocrata.

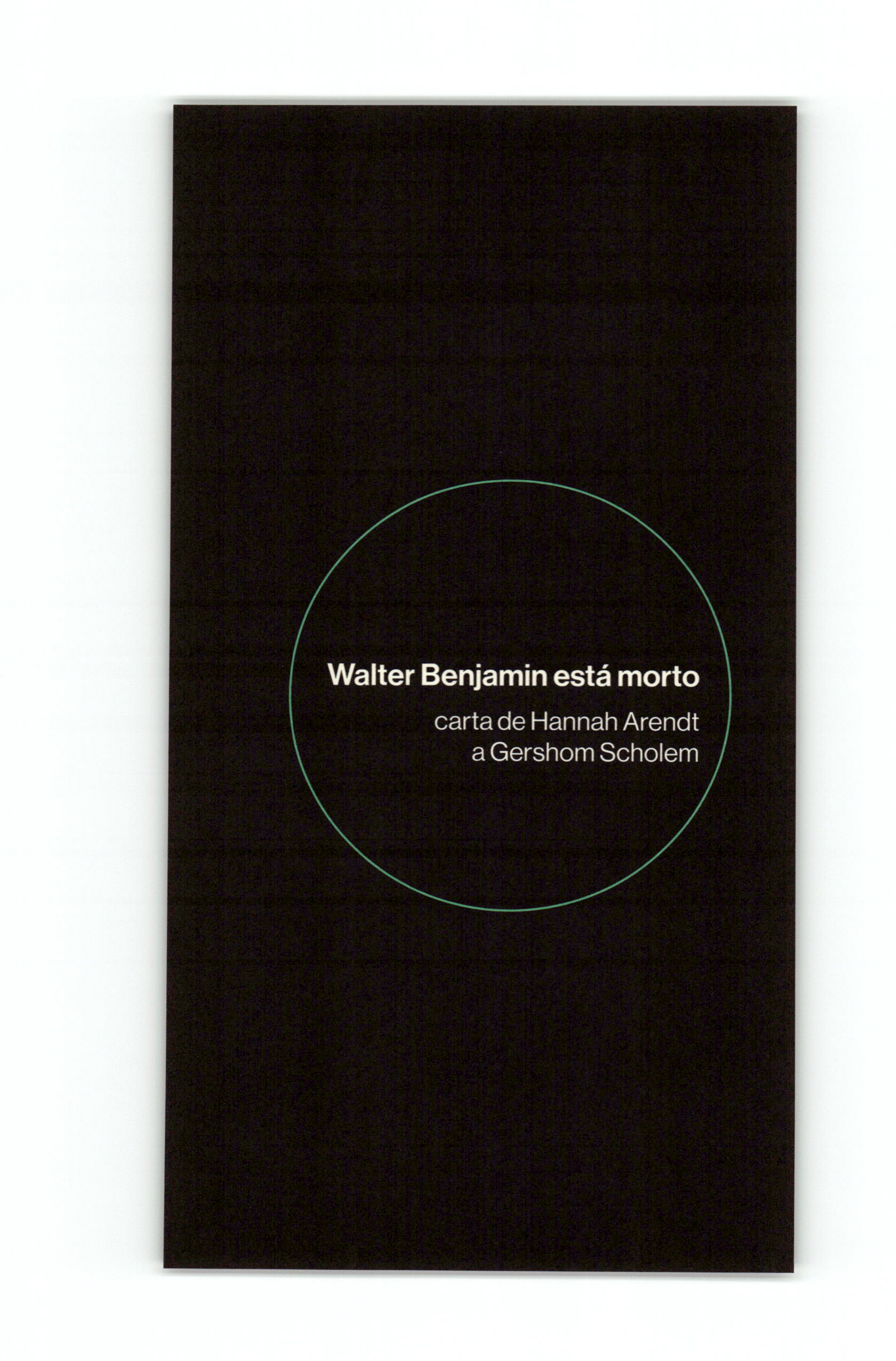
Walter Benjamin está morto
carta de Hannah Arendt
a Gershom Scholem

Hannah Arendt-Blücher
317 West 95th Street
New York, N. Y.

17 de outubro de 1941

Caro Scholem:

Miriam Lichtheim deu-me seu endereço e envia saudações. Embora eu acredite que, mesmo sem este ensejo, eu teria tomado a iniciativa de escrever para você, devo admitir que foi um impulso deveras útil.

Wiesengrund disse-me que enviou a você um relatório detalhado sobre a morte de Benjamin.[1] Eu mesma só soube de certos detalhes nada irrelevantes aqui em Nova Iorque. Talvez eu não seja muito qualificada para apresentar os fatos sobre sua morte, já que dificilmente havia contado com um desfecho como esse, de modo que, por várias semanas após seu óbito, ainda acreditei que tudo era boato de imigrantes. E isso apesar do fato de que precisamente nos últimos anos e meses fomos amigos bastante próximos e nos víamos regularmente.

[1] Em 8 de outubro de 1940, Adorno escreveu a Scholem uma carta, cuja primeira frase era: "Walter Benjamin tirou sua própria vida". Em uma outra carta, de 19 de novembro do mesmo ano, Adorno relata de forma minuciosa o que chegara ao seu conhecimento sobre as circunstâncias da morte de Benjamin, anexando uma carta de Henry Gurland, que junto com Benjamin quis atravessar a fronteira espanhola (Nota da Tradutora).

No início da guerra, estávamos todos juntos durante o verão em uma pequena vila francesa perto de Paris. Benji estava em excelente forma, tinha acabado partes do seu Baudelaire[2] e pensava – com razão, na minha opinião – que estava prestes a fazer grandes coisas. A eclosão da guerra o assustou de forma desmedida. No primeiro dia da mobilização geral, ele fugiu de Paris para Meaux por medo de ataques aéreos. Meaux era um famoso centro de mobilização, com um aeroporto de grande importância militar e uma estação ferroviária que constituía um ponto estratégico para toda a concentração de tropas. A consequência foi, é claro, que desde o primeiro dia os alarmes aéreos não cessaram e Benji voltou rapidamente, bastante horrorizado. Ele chegou bem no momento de ser devidamente levado para um campo de internamento. No campo temporário de Colombes, onde meu marido[3] teve longas conversas com ele, ele estava em grande desespero. E isso, claro, por boas razões. Ele imediatamente praticou uma forma peculiar de ascetismo, parou de fumar, deu todo o seu chocolate, recusou-se a se lavar, fazer a barba ou mesmo se mover. Contudo, após sua chegada ao último campo, ele não se sentiu tão mal: tinha ao seu redor um monte de jovens rapazes, que gos-

---

[2] Em julho de 1939, Benjamin concluiu seu ensaio "*Über einige Motive bei Baudelaire*", que foi publicado em janeiro de 1940 na última edição do *Zeitschrift for Sozialforschung (ZfS)*. Benjamin pretendia ampliar este ensaio e escrever um livro sobre Baudelaire (N. d. T.).

[3] Heinrich Blücher (N. d. T.).

tavam dele, que queriam aprender com ele e que absorviam tudo que ele dizia[4]. Quando ele voltou, em meados ou final de novembro, ficou bastante feliz por ter tido essa experiência. Seu pânico inicial também havia desaparecido completamente. Nos meses seguintes, escreveu as teses histórico-filosóficas, das quais, conforme ele me disse, também lhe enviou um exemplar[5], e das quais pode-se deduzir que estava na trilha de coisas novas. No entanto, ele ficou imediatamente com muito medo da opinião do Instituto. Você certamente sabe que o Instituto o informou, antes do início da guerra, que seu honorário mensal não era mais garantido e que ele deveria procurar outra coisa. Isso o entristeceu muito, embora a verdade seja que ele não estava muito convencido da seriedade dessa afirmação. Só que, em vez de melhorar sua situação, isso tornou tudo ainda mais difícil. Esse medo desapareceu com a eclosão da guerra, mas ele continuou desconfortável com a reação a suas teorias mais recentes e certamente pouco ortodoxas. — Em janeiro, um de seus jovens amigos do campo, que por acaso também era amigo ou discípulo de meu marido, suicidou-se[6]. A motivação foi essencialmente por ra-

[4] Benjamin foi internado em "Clos St. Joseph", em Nevers — há relatos do "jovem" Max Aron e de Hans Stahl, que estiveram com Benjamin nesse campo (N. d. T.).

[5] O manuscrito das "Thesen zur Philosophie der Geschichte", enviado por Benjamin a Scholem, foi extraviado pelos correios. Um outro exemplar foi entregue a Adorno por Arendt, em Nova Iorque (N. d. T.).

[6] Possivelmente tratava-se do desenhista e caricaturista Augustus Hamburger (do Canard Enchainé, dentre ou-

zões privadas. Isso o afetou de uma forma extraordinária e em todas as conversas ele apoiou esse menino e sua decisão com veemência verdadeiramente apaixonada. — Na primavera de 1940, todos partimos com o coração pesado para o consulado americano, e saímos de lá pesarosos, e, apesar de nos terem explicado de modo unânime que teríamos de aguardar entre dois a dez anos pela nossa vez na lista de espera, nós três começamos a ter aulas particulares de inglês. Nenhum de nós levou a coisa muito a sério, mas Benji aspirava aprender o suficiente para ser capaz de dizer que não gostava em absoluto do idioma. E ele conseguiu. Seu horror pela América era indescritível, e disseram que ele já havia dito a amigos que preferia uma vida mais curta na França a uma mais longa nos Estados Unidos.

Tudo isso terminou rapidamente quando, a partir de meados de abril, todos os internos liberados que tivessem até 48 anos foram submetidos a um exame médico para determinar se estavam aptos para o serviço militar. Esse serviço militar era, na verdade, apenas mais uma palavra para designar internação para trabalhos forçados e, em comparação com a primeira internação, significava, na maioria dos casos, uma piora. Que eles iriam declarar Benji impróprio estava claro para todos, exceto para ele. Durante esse tempo, ele ficou muito nervoso e me explicou repetidamente que não poderia passar pelo mesmo drama novamente.

---

tros), conforme relato de Hans Stahl em seu livro "Das Exil im Exil. Memoiren eines Moralisten" (N. d. T.).

Ele naturalmente foi então declarado impróprio. Independentemente dessa medida, em meados de maio ocorreu a segunda e mais completa internação, da qual você já deve ter ouvido falar. Três pessoas foram milagrosamente poupadas, entre elas Benji. No entanto, em meio ao caos do governo, ele jamais poderia saber se e por quanto tempo a polícia iria reconhecer uma ordem do Ministério do Exterior, e se não iriam simplesmente prendê-lo. Eu mesma não o via mais a essa altura, porque também tinha sido internada[7], mas alguns amigos disseram-me que ele já não se atrevia a sair e que estava em constante estado de pânico. Ele conseguiu sair de Paris com o último trem. Carregava apenas uma pequena pasta com duas camisas e uma escova de dentes. Foi, como você sabe, para Lourdes. Quando saí de Gurs, em meados de junho, também fui para Lourdes e fiquei lá por várias semanas por estímulo dele. Foi o momento da derrota, alguns dias depois, os trens não estavam mais circulando; ninguém sabia onde as famílias, homens, filhos ou amigos foram deixados. Benji e eu jogamos xadrez de manhã à noite e, nos intervalos, líamos o jornal, se houvesse um. Tudo estava muito bem até o momento em que foi proclamado o armistício com a famosa cláusula de extradição[8]. Obviamente, nos sentimos muito piores

[7] Entre maio e junho de 1940, Arendt foi internada por 5 semanas em um campo de internação para mulheres em Gurs, no sul da França. Ela conseguiu fugir de lá, juntamente com outras mulheres, durante um vazio de poder no cessar-fogo. As internas de Gurs foram encaminhadas posteriormente para Auschwitz-Birkenau (N. d. T.).

[8] Arendt refere-se ao acordo de cessar-fogo de Compiège, de 22 de junho de 1940. que obrigou o governo francês a

com isso, embora eu não possa dizer que Benji realmente entrou em pânico. Em pouco tempo, ficamos sabendo dos primeiros suicídios entre internos que fugiam dos alemães e Benjamin, pela primeira vez, começou a falar comigo repetidas vezes sobre suicídio. Que ainda restava esta saída. Às minhas objeções extremamente enérgicas de que sempre há tempo antes de fazer tal coisa, ele repetiu de uma forma muito estereotipada que nunca se poderia saber ao certo e que em nenhum caso deveria-se retardar demais com isso. Por outro lado, falávamos sobre a América. Ele parecia estar mais conformado do que antes com essa ideia. Ele levou a sério uma carta do Instituto, explicando que todos os esforços estavam sendo feitos para levá-lo para lá, levou menos a sério, contudo, uma outra declaração, dizendo que ele iria entrar para o conselho editorial da revista com salário regular. Ele considerou tratar-se de um contrato simulado para lhe fornecer um visto. Estava com muito medo, ao que parece sem motivo, de que, uma vez aqui, eles o deixassem na mão. No início de julho, saí de Lourdes para ir à *la recherche de mon mari perdu*[9]. Benji não estava muito entusiasmado e duvidei por muito tempo se não deveria levá-lo comigo. Mas isso teria sido simplesmente impraticável:

---

suspender o direito de asilo e de liberação de todos os presos civis e de guerra alemães. Posteriormente, o governo francês se comprometeu em entregar aos alemães, mediante solicitação, ex-cidadãos alemães que se encontrassem em território francês (N. d. T.).

[9] Em busca do meu marido perdido (N. d. T.).

lá ele estava bastante seguro das autoridades locais (com uma carta de recomendação do Ministério do Exterior), não podendo estar mais seguro em outro lugar. Até setembro, só tive notícias dele por carta. Enquanto isso, a Gestapo esteve em seu apartamento e confiscou tudo. Ele me escreveu muito deprimido. Embora seus manuscritos tenham sido recuperados, ele tinha motivos para acreditar que teria perdido tudo. — Em setembro, fomos a Marselha, pois nesse meio tempo nossos vistos haviam chegado. Benji estava lá desde agosto, já que seu visto chegara em meados daquele mês. Ele também possuía o famoso transit espanhol e, claro, também o português. Quando o vi novamente, seu visto espanhol tinha apenas oito ou dez dias de validade. Na época, não havia esperança de obter um visto de saída. Ele me perguntou desesperado o que deveria fazer, se não conseguíssemos obter vistos espanhóis em tempo para que pudéssemos cruzar a fronteira juntos. Disse-lhe e mostrei-lhe que era improvável e que por outro lado ele deveria partir, pois os vistos espanhóis àquela altura já não eram renovados. Disse-lhe ainda que me parecia muito incerto por quanto tempo esses vistos existiriam em geral e que não se deveria correr o risco de que expirassem. Que obviamente o melhor seria nós três irmos juntos, que então ele viesse para Montauban, onde estaríamos, mas que ninguém poderia assumir a responsabilidade por isso, ao que ele decidiu partir às pressas. — Os dominicanos deram-lhe uma carta de recomendação para um abade espanhol. Isso nos impressionou muito na época, embora fosse totalmente absurdo. – Naquela época, em Marselha, ele mencionou novamente intenções suicidas. – Você certamente sabe o resto: que ele teve de partir com pessoas que lhe eram completamente desconhecidas; que escolheram o caminho mais longo, que envolvia uma caminhada de aproximadamente sete horas pelas montanhas; que, por razões inconcebíveis, eles destruíram seus documentos franceses de residência e com isso impediram-no de retornar à França; que então chegou à fronteira espanhola exatamente vinte e quatro horas após seu fechamento para pessoas sem passaporte nacional – todos nós tínhamos apenas os papeis do consulado americano; que Benji colapsou várias vezes já na ida para a fronteira; que na manhã seguinte o grupo deveria ser entregue na fronteira com a Espanha e que ele, na noite em que lhes foi concedido permanecer ali, tirou sua própria vida. Quando chegamos a Portbou, meses depois, procuramos em vão seu túmulo: não foi encontrado, em nenhum lugar colocou-se seu nome. O cemitério tem vista para uma pequena baía, diretamente sobre o Mediterrâneo, é esculpido em terraços cravados em pedra; também nessas paredes de pedras colocam os caixões. É de longe um dos lugares mais fantásticos e bonitos que já vi na minha vida.

O Instituto tem o legado literário, mas, no momento, não se atreve a publicar nada em alemão. Eu me pergunto se, independentemente disso, as teses histórico-filosóficas não poderiam ser publicadas por Schocken. Ele [Benjamin] me deu o manuscrito e o Instituto só o obteve graças a mim.

Caro Scholem, é tudo o que posso dizer-lhe, e o fiz da forma mais escrupulosa e com o mínimo de comentários possível. Para você e sua esposa, saudações calorosas minhas e de Monsieur.

Sua,

Hannah Arendt (assinatura a mão)

PS: Como todos os exemplares da minha desafortunada Rahel se perderam, pedi a meus parentes para pegarem a cópia com você e enviarem para mim. Kurt Blumenfeld, através de sua esposa, irá transferir o dinheiro necessário para custear o envio.

Merci d'avance![10]

Tradução para o português da carta em alemão publicada em *"Hannah Arendt - Gershom Scholem: Der Briefwechsel"*, editada por Marie Luise Knott, em cooperação com David Heredia (Jüdischer Verlag im Suhrkamp Verlag: —Berlim, 2010). Realizada por Ludmyla Franca-Lipke[11], em 04/10/2020.

[10] Obrigada de antemão! (Tradução nossa).

[11] Ludmyla Franca-Lipke: Mestrado em Direito pela Universidade Federal da Bahia. Doutoranda em Ciência Política pela Universidade Livre de Berlim. Vive-coordenadora do Centro de Estudos Hannah Arendt.

O legado antifascista
de Walter Benjamin

Transcrição das falas apresentadas no evento virtual "O legado antifascista de Walter Benjamin", realizado dia 01 de outubro de 2020 em parceria com a editora Autonomia Literária. Agradecemos a Hugo Albuquerque, Cauê Ameni e Manuela Beloni, bem como a Michael Löwy e Marcela Campana, que concordaram com a publicação desta transcrição.

Tentamos transcrever os textos da forma mais coloquial possível, resumindo-nos a interferir somente em algumas interjeições e adaptando a continuidade da fala ao texto pela supressão de pausas e algumas formas de linguagem.

Michael Löwy[1]

Gostaria de agradecer às companheiras e companheiros da Autonomia Literária por me convidarem para essa homenagem a Walter Benjamin, combatente antifascista, aos 80 anos de sua morte. Como você (Hugo), lembrou, a morte dele se deu a 26 de setembro de 1940, há 80 anos, e é interessante vermos o contexto em que Walter Benjamin acabou escolhendo o suicídio. Walter Benjamin vivia desde 1933 exilado na França, supostamente uma república democrática, país dos direitos

[1] Michael Löwy (São Paulo, 1938) é sociólogo e crítico marxista brasileiro radicado na França. Doutor pela Sorbonne sob orientação de Lucien Goldmann, é diretor emérito do Centre National de la Recherche Scientifiques (CNRS). Referência central para o marxismo latino-americano contemporâneo, é autor de dezenas de livros, dentre os mais recentes, *A Revolução é o Freio de Emergência* (São Paulo: Autonomia Literária, 2019).

humanos, em que outros alemães antifascistas, muitos deles também judeus como ele, se exilaram. Quando começa a segunda guerra mundial, guerra entre França e Inglaterra contra a Alemanha nazista, em 1939, uma das primeiras decisões do governo francês, um governo de centro direita, foi a de internar todos os "cidadãos de países inimigos". Qual era o país inimigo? A Alemanha. A partir daí, todos os cidadãos alemães (em sua maioria antifascistas, judeus e às vezes ambos!), vivendo exilados na França, começam a se presos. E o são, efetivamente, como cidadãos do país inimigo, transportados a uma espécie de campo de internamento (não eram bem campos de concentração, mas quase), naquela que é uma das decisões mais absurdas, grotescas, de uma nada gloriosa Terceira República Francesa, que leva Walter Benjamin a ser internado num campo no sul da França, em Nevers, junto a muitos outros, centenas de outros militantes, intelectuais, antifascistas, oriundos da Alemanha, da Áustria, etc. Com muita dificuldade, Benjamin consegue escapar deste campo depois de muitos meses, com a ajuda de protestos de escritores, e foge para o sul do país, na tentativa de se esconder das polícias francesa e alemã. Poucos meses depois a guerra termina, com a capitulação da França diante do Terceiro Reich, e se estabelece uma ditadura, chamada de Estado Francês (já não era nem uma República) dirigida por

Pétain[2], fascista francês, colaborador dos nazistas, começando imediatamente a caça aos antifascistas e aos judeus, tanto por parte do governo de Pétain quanto da própria Gestapo. Essa caça vai levar ao aprisionamento (em alguns casos em campos de concentração) e ao assassinato de muitos exilados antifascistas. Procurando se esconder, a vida de Benjamin se torna um jogo de gato e rato. Benjamin se torna o ratinho procurando escapar dos gatos nazistas, vai de um lugar para outro no sul da França até que, em 1940, ele percebe que isso não é mais possível e decide tentar escapar da França nazista.

Naquela época, o caminho para escapar se dava pela Espanha, atravessando a fronteira, cruzando até Portugal, que era um país neutro (assim como a Espanha, teoricamente) e de lá ir para os EUA, onde seus amigos o esperavam, tendo lhe garantido um visto. Havia, na época, uma militante antifascista, alemã judia, também, chamada Lisa Fittko[3], que des-

---

[2] Philippe Pétain (1856-1951). Militar e político francês, Pétain foi herói da Primeira Guerra Mundial. Em 1934, tornou-se Ministro de Guerra da França e em 1940, com a capitulação de seu país perante a Alemanha, tornou-se um colaborador do regime nazista, como chefe do Estado Francês, sendo particularmente notório pela cumplicidade com a perseguição aos judeus e com a reversão de territórios franceses à Alemanha, bem como o envio forçado de mão-de-obra francesa para a Alemanha para auxiliar no esforço de guerra (Nota do Organizador).

[3] Nascida Elizabeth Ekstein (1909-2005), foi uma militante antifascista austro-húngara, conhecida por seus dois livros de memória, um dos quais em que relata a trajetória com Benjamin (N. d. O.).

cobrira um caminho de fuga pelos Pirineus, chamado o caminho do Líster[4] (que havia trilhado esse caminho no sentido inverso, isto é, da Espanha para a França). Com a descoberta dessa rota, Fittko começara a organizar uma rede para ajudar exilados antifascistas a escaparem da França ocupada e Benjamin foi um dos primeiros a procurar sua ajuda. Ele partiu pela rota com um pequeno grupo que, com a ajuda de Fittko, consegue chegar até o topo dos Pirineus. Neste ponto, segundo sua guia, bastava descer as montanhas, num trajeto mais fácil, para chegar em Portbou, onde seria possível tomar um trem até Portugal. Entretanto, quando o grupo chega a esta pequena cidade à beira-mar, seus integrantes são detidos pela polícia franquista que, sob o pretexto de não possuírem a devida documentação, afirma que os encaminharão à polícia francesa, que provavelmente os entregaria à Gestapo (isso já tinha acontecido com vários outros exilados). É nesse momento que Benjamin decide se suicidar.

Seu suicídio, então, é naturalmente um ato de desespero. Mas é, também, um protesto. É um ato de protesto antifascista, é um gesto político. Claro é que este é um momento histórico trágico. O escritor Victor Serge cunhou uma bela expressão para descrever esse momento em 1940: era meia-noite no século. Não só era o momento mais escuro do Século

[4] Enrique Líster Forján (1907-1994). Comunista e Oficial espanhol, republicano e combatente pelo Exército Vermelho durante a Segunda Guerra Mundial (N. d. O.).

XX porque a Alemanha nazista havia ocupado quase toda a Europa, mas também porque tinha feito um pacto, um acordo com a União Soviética. Ambos os países haviam firmado um pacto de aliança, de não agressão, de modo que não havia mais força que se opusesse ao nazismo. Por isto este é um momento trágico. Nesta conjuntura, entre o fim 1939 e o começo de 1940, Benjamin redigirá seu testamento político, seu testamento filosófico: as teses *Über den Begriff der Geschihcte*, *Sobre o Conceito de História*. É um texto pequeno, são 10, 12 páginas, 18 teses, porém importantíssimo. A meu ver, é o texto mais importante do pensamento revolucionário desde as *Teses Sobre Feuerbach* de Marx, de 1845, que também é um texto pequeno, curto, mas que foi, como dizia Engels, "o começo de uma nova visão de mundo", marcando o começo daquilo que podemos chamar de marxismo ou de filosofia da práxis. As teses de Benjamin são, de certo modo, o equivalente disso no Século XX. Mas Benjamin não está, com as teses, inventando uma outra visão de mundo. Ele se situa no campo do marxismo, se situa no campo do que ele chama de materialismo histórico, que é o marxismo, embora sua interpretação do marxismo seja profundamente renovadora, e, assim muito, importante.

As teses *Sobre o Conceito de História* são um texto marcado pela situação trágica, por essa meia noite no século, um texto que tem uma visão pessimista da história. A história até agora, diz Benjamin, é um campo de ruínas que se acumulam. Ruínas estas que são as cidades destruídas pelos conquistadores, os povos massacrados, de forma que a visão da história de Benjamin é uma que se situa deliberadamente do ponto de vista dos que foram vencidos nessa guerra de classes: os escravos revoltados, os camponeses que se rebelaram, os proletários da Comuna de Paris, etc. Essa é sua visão da história, uma visão, como ele diz, que a escova à contrapelo. Essa é a perspectiva posta neste documento que é, ao mesmo tempo, um documento curioso, bastante heterodoxo e profundamente revolucionário. A ideia de revolução atravessa todas essas páginas. Entretanto, Benjamin tem uma ideia um pouco diferente daquela tradicional da revolução. Em certo ponto, ele critica Marx, citando-o ao dizer que "Marx dizia que a revolução é a locomotiva da história, talvez seja mais justo dizer que a revolução é a humanidade puxando os freios de emergência para parar o trem". Eu acho essa afirmação muito atual, porque nós somos todos passageiros de um trem suicida chamado "civilização capitalista industrial moderna", que vai a uma rapidez crescente em direção a um abismo, que é a catástrofe ecológica. A tarefa revolucionária é parar esse trem suicida puxando o freio de emergência.

Outra heresia do texto de Benjamin reside no fato de que ele fale em teologia, em Messias, em messianismo. Eu diria que o messianismo, para ele, é o correspondente profano da revolução. Há uma correspondência, como diria Baudelaire, entre a interrupção messiânica da história e a revolução. Aliás, a última frase das teses diz que cada segundo é a porta estreita pela qual pode vir o Messias, isto é, a redenção, a revolução. A tarefa do revolucionário não é esperar que o Messias, que a revolução, venham, mas se servir de qualquer brecha, pois cada segundo é a porta estreita pela qual Messias e revolução podem entrar.

Na Europa, os leitores, intérpretes e filósofos que trabalharam sobre essas teses *Sobre o Conceito de História* ficaram perplexos com a relação entre a teologia e marxismo, afirmada já na primeira tese, se perguntando como isso seria possível. Alguns amigos de Benjamin, como Brecht[5], diziam que esse texto é materialista mas que não devemos levá-lo a sério quando fala em teologia. Outros, como Gershom Scholem[6], historiador da mística con-

---

[5] Bertolt Brecht (1898-1956). Considerado um dos poetas, dramaturgos e encenadores alemães mais importantes do Século XX, desenvolvedor do teatro épico e proponente do conceito de estranhamento [Verfremdungs Effekt]. Foi amigo íntimo de Benjamin e um dos responsáveis por apresentar-lhe o comunismo e, de modo geral, o marxismo (N. d. O.).

[6] Gershom Gerhard Scholem (1897-1982), foi um filósofo e historiador teuto-israelense, amplamente reconhecido como o maior especialista e fundador do estudo moderno da Cabala. Professor da Universidade Hebraica de Jerusalém, Scholem foi um dos principais interlocutores e amigos de Benjamin, tendo-o apresentado ao estudo da mística e da teologia e tentado convencê-lo a imigrar para a Palestina ao longo de toda sua vida. Após a morte do amigo, Scholem criou uma amizade epistolar com Hannah Arendt (outra amiga de Benjamin), cuja uma das cartas é reproduzida neste volume (N. d. O.).

como uma especulação filosófica complicada, mas como uma realidade das ruas, pelo menos nas últimas dezenas de anos.

Em particular, acho que essa visão de Benjamin, da aliança entre o materialismo histórico com a teologia contra o fascismo, é mais do que nunca atual no Brasil, onde vivemos a sinistra situação em que temos um governo, um presidente, autenticamente fascista, que gosta de citar Mussolini, tomar poses mussolinianas em seu cavalo; uma cópia tropical de Mussolini instalada no Palácio da Alvorada, apresentando-nos, todos nós, marxistas, socialistas, cristãos, democratas, antifascistas com a tarefa de enfrentar esse monstro. Benjamin nos ajuda neste enfrentamento apontando para essa aliança antifascista entre marxistas, socialistas, democratas, revolucionários, etc, com os cristãos; em particular com aqueles inspirados pela Teologia da Libertação e, hoje em dia, inspirados também pelas encíclicas do Papa Francisco, como a *Laudato Si'*[9], que é uma crítica duríssima do capitalismo (embora o nome "capitalismo" não apareça), isto é, do sistema econômico atual baseado na maximização do lucro.

Creio que as teses de Benjamin foram escritas em um momento específico da história europeia, momento trágico do triunfo nazista em toda Europa, da capitulação da URSS (pelo menos naquela época), o que criou uma solidão trágica para os antifascistas, abando-

---

[9] Trata-se de *Encíclica sobre o cuidado da casa comum*, publicada em 24 de maio de 2015.

nados de todos. As teses são expressão desse momento trágico, desta meia-noite no século. Entretanto, elas têm uma validade universal, elas são atuais em outras épocas e em outros países e outros contextos históricos (a América Latina não é a Europa Central). Não é um texto limitado a seu próprio momento. Há uma tendência na Europa em se dizer que Benjamin era um pessimista devido às circunstâncias, que fazem com que seu texto corresponda unicamente a um momento histórico determinado que já acabou, de modo que hoje, vivendo numa democracia, Benjamin não seria mais necessário, já que tudo vai bem. Mas seu texto é, de fato, mais atual do que nunca no mundo todo, onde assistimos uma ofensiva do fascismo sem precedente desde os anos 1930 (sob formas novas, claro) e em particular no Brasil. E é no Brasil, também, onde estão dadas as melhores condições para essa aliança entre materialismo histórico e a teologia, da qual falava Benjamin.

Em poucas palavras essa é a forma como vejo a atualidade de Walter Benjamin, em escala planetária, pois o inimigo fascista mais uma vez levanta a cabeça: nos EUA, em muitos países da Europa e no Brasil particularmente. Talvez o Brasil seja o país onde as teses de Benjamin são as mais atuais, sob vários pontos de vista sendo, realmente, o país em que suas teses, suas ideias, falem diretamente à realidade que nele vivemos nos dias atuais.

Gustavo Racy[10]

Um bom dia a todos, boa tarde ao Professor Michael Löwy em Paris. É um prazer estar com todos. Eu terei uma fala breve, pois confesso que quando fiquei sabendo que o tema que discutiríamos hoje seria o legado antifascista de Benjamin, eu fiquei um pouco inseguro, uma vez que, imediatamente a pergunta que me veio à cabeça foi "como discutir o legado antifascista de uma obra que é, por definição, antifascista em seu todo?". Isto significa que, talvez, falar desse legado como forma de questão seja positivar uma falsa pergunta. Mas creio não ser acerca dessa pergunta que trataremos. A pergunta quem a pôs fui eu e se é falsa, é porque, antes de tudo, eu me fiz uma

[10] Gustavo Racy (São Paulo, 1988) é antropólogo e filósofo, doutor em ciências sociais pela Universidade da Antuérpia (2018) e editor da Sobinfluencia Edições.

pergunta que não cabe à discussão. Entretanto, creio ser esse um bom início de conversa. Indo direto ao ponto, acho que é possível dizer que toda a obra benjaminiana é, por definição, antifascista. E isto por diversos motivos: primeiro, porque Benjamin deu à sua obra o peso de seu momento histórico. Walter Benjamin, o homem e o filósofo é, antes de tudo, um sujeito histórico que se pautou como tal, extremamente antenado e sincronizado com seu tempo presente. Esse tempo presente, esse tempo do agora (para usar um termo do próprio Benjamin), é exatamente o tempo a que se destina sua obra, porque é o tempo de agora, como sabemos por suas teses sobre o conceito de história, aquele que, atualizando o passado, está sempre em perigo.

De modo geral, portanto, todos os problemas analisados por Benjamin estão relacionados à emergência do fascismo. Mesmo em seus primeiros textos, extremamente kantianos, vemos o esforço pela recusa ao poder coercitivo e autoritário que, tanto mais se acerca a década de 30, mais vai se fortalecendo. Isto é uma chave de leitura que eu, aqui, estou propondo, é claro. E isto porque ao falar do legado antifascista de Benjamin, estamos nos predispondo a articular uma vida e uma vida da obra passadas, isto é, de um tempo passado. Trata-se, antes de tudo, de adotar uma postura perante essa distância, de modo a presentificá-la, a torná-la presente. Vejo essa questão como de extrema importância para abordarmos a obra de Benjamin. É claro que não se trata de certo ou errado, não é algo que incorre ao campo da moral, mas é uma proposta de entender e trabalhar o legado do autor a seu próprio modo, ou seja, de se perguntar sobre as possibilidade de se trabalhar "benjaminianamente" a obra do autor e, principalmente, de acordo com sua concepção do historiador materialista, que não procura reproduzir as coisas tais quais elas se deram, mas trazê-las à tona num momento de perigo. E que momento de perigo maior do que este em que vivemos, como acaba de apontar o professor Michael Löwy. E não se trata de fazer isso de modo a "aprender" algo, embora possamos olhar também para o lado pedagógico que a história materialista possa nos oferecer. Trata-se, antes, de apreender, fora do tempo cronológico, as correspondências entre Benjamin e nós. E isto é antes de tudo um desafio do pensamento.

Aqui eu acho que vale relembrar a consideração de Maurice Merleau-Ponty[11] segundo a qual não há ordem de importância na história da filosofia (reflexão presente no texto *Em Toda e em Nenhuma Parte*). Isto significa que todo filósofo tem, igual medida, uma mesma importância para a história do pen-

[11] Maurice Jean Jacques Merleau-Ponty (1908-1961). Filósofo fenomenólogo francês fortemente influenciado por Edmond Husserl e Martin Heidegger. Foi membro diretor da revista *Les Temps Modernes* e interlocutor de Jean-Paul Sartre e outros filósofos eminentes de sua geração. O texto referido na fala pode ser encontrado no Brasil no volume dedicado à sua obra na célebre coleção Os Pensadores, da Editora Abril (Nota do Autor).

siderava o texto teológico, não devendo ser levado a sério quando se tratando de materialismo. Na verdade, o texto combina ambas as coisas. Há, também, uma outra interpretação, a de Habermas[7], que afirma que o texto, que procura associar materialismo histórico e teologia, não funciona, uma vez que os dois são contraditórios (ou se é teólogo, ou se é materialista histórico), de modo que suas teses seriam um fracasso. Entretanto, creio que nós na América Latina e no Brasil, podemos entender as teses muito melhor que os europeus. Isto porque há dezenas de anos o que temos assistido na história de nossa região é a convergência e a aliança entre marxistas, socialistas, revolucionários e cristãos, animados pela Teologia da Libertação. Essa convergência entre marxistas e cristãos é o que vimos na Revolução Sandinista, na guerrilha em El Salvador, na Guatemala, em Chiapas com os zapatistas, no Brasil com o novo movimento operário e o movimento camponês.

Em sua primeira tese sobre o conceito de história, a famosa tese da alegoria do autômato enxadrista que é sempre vitorioso, Benjamin nos diz que o autômato poderia ser o materialismo histórico. Para ganhar todas as

[7] Jürgen Habermas (1929) é um filósofo e sociólogo alemão, representante da teoria crítica, tendo sido assistente de Theodor Adorno. Desenvolver da "teoria da ação comunicativa", Habermas é considerado o grande filósofo da Alemanha Federativa durante a Guerra Fria e suas ideias estão ligadas também à tradição do pragmatismo e à sociologia histórica de Max Weber (N. d. O.).

partidas, entretanto, ele precisa da ajuda da teologia, que seria um anãozinho escondido dentro da máquina que move as peças do aparelho de modo a ganhar a partida[8]. A ideia fundamental dessa alegoria de Benjamin: o materialismo histórico precisa da aliança com a teologia, e vice-versa, pois os dois juntos são capazes de vencer o inimigo. Para Benjamin em 1940 este inimigo é, evidentemente, o fascismo. A preocupação principal de Walter Benjamin é combater o fascismo, pensar como podemos derrotar o fascismo. Essa conjunção entre materialismo histórico e teologia é uma proposta sua para o combate contra o fascismo. Esse é o espírito das teses que, como eu disse, encontra muitas dificuldades de compreensão na Europa, enquanto para nós na América Latina não aparece

[8] "Como se sabe, deve ter havido um autômato, construído de tal maneira que, a cada jogada de um enxadrista, ele respondia com uma contrajogada que lhe assegurava a vitória. Diante do tabuleiro, que repousava sobre uma ampla mesa, sentava-se um boneco em trajes turcos, com um narguilé à boca. Um sistema de espelhos despertava a ilusão de que essa mesa de todos os lados era transparente. Na verdade, um anão corcunda, mestre no jogo de xadrez, estava sentado dentro dela e conduzia, por fios, a mão do boneco. Pode-se imaginar na filosofia uma contrapartida dessa aparelhagem. O boneco chamado 'materialismo histórico' deve ganhar sempre. Ele pode medir-se, sem mais, com qualquer adversário, desde que tome a ser serviço a teologia, que, hoje, sabidamente, é pequena e feia e que, de toda maneira, não deve se deixar ver". In. Michael Löwy. *Walter Benjamin: aviso de incêndio. Uma leitura das teses "Sobre o Conceito de História"*. São Paulo: Boitempo Editorial, 2005 (N. d. O.).

samento. Esse desafio do pensamento de que eu falei é, então, um desafio filosófico, pois ao nos depararmos com a obra de Benjamin, vale lembrar que sua obra tem uma vida (algo sobre o qual ele mesmo falava: uma vida da obra e uma obra da vida), que foi construída pelo contato com outras, fossem elas filosóficas ou não. Benjamin teve um pensamento influenciado: ele incorporava suas amizades a suas reflexões. Foi assim que ele incorporou o comunismo pela amizade (e pelo romance), com Asja Lacis[12] e Bertolt Brecht, incorporou a mística pela amizade com Gerhard Scholem, incorporou o anarquismo por meio de seu círculo de amizades da sua juventude. Isto é, também, uma conduta antifascista, porque neste movimento ele se manteve aberto a diferentes raízes de pensamento consoante seu potencial teórico e prático para a salvação (usando, mais uma vez, um termo de Benjamin). Ao negar uma identidade que se torna dissoluta em uma unicidade, em um grande "um" (para evocar um pouco o pensamento antropológico de Pierre Clastres[13]), que é a

[12] Anna "Asja" Lacis (1891-1979), foi uma bolchevique e agitprop russa de origem leta que trabalhou principalmente com o teatro infantil. Foi uma das grandes paixões de Benjamin (a quem ele dedicou seu *Rua de Mão Única*), tendo-o conhecido em Capri em 1924. Foi ela que levou Benjamin à Rússia e ajudou a apresentá-lo ao comunismo (N. d. A.).

[13] Pierre Clastres (1934-1977) foi um antropólogo e etnógrafo francês da segunda metade do Século XX. Conhecido principalmente por seus textos de antropologia política levada a cabo em seus estudos de sociedades

lógica do capitalismo liberal, Benjamin constituiu sua obra do ponto de vista de uma vida vivida no tempo presente. Entender o legado antifascista de Benjamin significa, assim, ir além de seu pensamento filosófico, entendendo a história de uma vida que o produziu. Do ponto de vista do materialismo histórico benjaminiano, saindo de um ponto de vista cronológico em direção a um kairológico, de um tempo da intensidade, trata-se de apreender também aquilo que há de poético, de pessoal, numa história em que vida e obra dificilmente se separam. Pois, se é verdade que sua obra é antifascista, isto se deu porque, por trás dela, pulsante, houve uma vida não só antifascista, mas não-fascista.

Dito isto, eu volto a dizer que acho difícil resumir ou falar da obra benjaminiana em termos de seu legado. Pois vejam, quando falamos em "legado", estamos invocando, essencialmente, uma disposição de última vontade deixado a alguém em valor fixado. E creio que não é por qualquer tipo de valor que a obra de Benjamin é antifascista. Por analogia, o legado de Benjamin são seus textos e estes, como eu falei inicialmente, são antifascistas por definição. Ao contrário, acho que a obra de Benjamin, em

---

indígenas sul-americanas, Clastres foi um opositor da antropologia marxista e foca parte considerável de seus estudos à oposição das sociedade indígenas à ideia e estrutura de Estado, ao qual a fala aqui se refere como essa "unicidade" enquanto uma lógica que resume as estruturas sociais em um identidade única sob o jugo de um tipo determinado de exercício de poder (N. d. A.).

todo seu antifascismo, deve ser pensada a partir de seu caráter de tradição. E eu me explico, antes que tal termo possa causar confusão. A tradição é uma palavra cara a Benjamin e ele a usa em dois sentidos. Primeiro, existe o sentido da *Tradition*, evocada do Latim, que também origina o termo "tradução", que é a tradição como a entendemos coloquialmente, uma herança que funda uma série de valores e condutas, como analisada por Eric Hobsbawm[14] de forma crítica. O segundo sentido usado por Benjamin, na verdade uma palavra completamente outra, é o de *Überlieferung*, que implica a ideia de transmissão, de transmissibilidade. Esta é uma tradição radicada na narratividade e na transmissibilidade, oral, musical, escrita, que passa de geração em geração, construtivamente, mantendo-se em uma superação, em uma transmutação de seus valores, à moda nietzscheana, antenados às demandas do tempo histórico.

É aí, creio eu, que o "legado" benjaminiano deve ser encontrado: em seu potencial de transmissibilidade. Pois o que fazemos aqui mesmo, por exemplo, se não tentarmos dar continuidade àquilo que, com afinco primoroso, a começar pelas letras, Benjamin

[14] Eric John Ernest Hobsbawm (1917-2012), historiador marxista inglês e uma das grandes referências da historiografia no Século XX. Foi membro do Partido Comunista Britânico ao longo de toda sua vida e se interessou, entre outros tópicos, pela tradição. A obra referida aqui se trata de *A Invenção das Tradições* (coautoria de Terence Ranger) Rio de Janeiro: Editora Paz & Terra, 2018 (N. d. A.).

se dedicou a transmutar? A necessidade de uma nova sociedade, livre da opressão e do poder coercitivo, da pulsão de morte tornada sintoma social pela manipulação das ideias, dos meios de produção e das estruturas inertes da organização social de modo capitalista. O legado antifascista de Benjamin, se o há, está, portanto, na razão pela qual sua obra segue adiante. Essa razão é o que se apresenta como tarefa do pensamento. Trata-se de investigar por quê, afinal, que continuamos falando em Benjamin. E uma vez lá, veremos que essa resposta é provavelmente o que menos importa. Benjamin nos deixou um legado antifascista porque, e esta é minha consideração final, por meio de sua obra, nos transmitiu a necessidade de uma forma de vida em todo seu caráter destrutivo. Destrutivo não da própria vida, regrada pela pulsão de morte, naquela concepção de mera vida do fascismo que envereda pelo caminho da destruição do outro até que culmina na autodestruição, mas, ao contrário, de uma vida que, pautada em seu caráter destrutivo, vê caminhos por todas as partes, escolhendo viver, acima de tudo, fazendo da vida a primeira centelha da resistência. Vale a citação deste texto que é, para mim, a maior transmissão de uma vida não-fascista:

> "O caráter destrutivo está no *front* dos tradicionalistas. Alguns transmitem as coisas, tornando-as intocáveis e conservando-as; outros transmitem as situações, tornando-as manejáveis e liquidando-as. Estes são os chamados destrutivos.

> O caráter destrutivo tem a consciência do homem histórico, cujo sentimento básico é uma desconfiança insuperável na marcha das coisas e a disposição com que, a todo momento, toma conhecimento de que tudo pode andar mal. Por isso, o caráter destrutivo é a confiança em pessoa.
>
> O caráter destrutivo não vê nada de duradouro. Mais eis precisamente por que vê caminhos por toda parte. Onde outros esbarram em muros ou montanhas, também aí ele vê um caminho... já que vê caminhos por toda parte, está sempre na encruzilhada... O que existe ele converte em ruínas, não por causa das ruínas, mas por causa do caminho que passa através delas"[15].

De modo que, para terminar, creio que perguntar sobre o legado antifascista de Benjamin é, ao fim e ao cabo, perguntar como Benjamin me torna ou me faz, em cada momento de perigo, antifascista, pois o antifascismo não é uma forma de ser, mas, antes, uma forma de vida, forma esta que deve ser atualizada e transmitida às gerações posteriores, e quem somos nós senão filhos das gerações posteriores a Benjamin? Assumir a coragem de viver intensamente uma vida sem utilidade foi a lição maior do legado de Benjamin, que adquiriu o peso de sua vida.

---

[15] Walter Benjamin. "O Caráter Destrutivo". In. *Obras Escolhidas II. Rua de Mão Única.* Tradução de Rubens Rodrigues Torres Filho & José Carlos Martins Barbosa. São Paulo: Editora Brasiliense, 2000, p. 237.

Marcela Somensari Campana[16]

Teoria da História, Prática de Sobrevivência: a propósito do legado antifascista de Walter Benjamin

Esse ensaio se dá a propósito do aniversário de 80 anos da morte do pensador Walter Benjamin, ocorrida em 26 de setembro de 1940, em Portbou, Espanha. Como o título indica, trata-se de um esforço para pontuar o legado antifascista de Walter Benjamin, que se matou como último ato de resistência à captura pelas autoridades locais e, consequentemente, à Gestapo.

[16] Marcela Somensari Campana (Santo André, 1990). É socióloga e pesquisadora independente da obra de Walter Benjamin. É mestre em ciências sociais pela Pontifícia Universidade Católica de São Paulo (2018).

Pensador, judeu e ligado aos círculos marxistas da época, o destino que ele havia previsto a partir da captura era muito evidente. Benjamin havia passado a última década presenciando e registrando o declínio da República de Weimar e a ascensão do nazismo na Alemanha e em países da Europa, testemunhando os acontecimentos como filósofo e sociólogo, mas também como um pensador do campo do sensível.

Pode-se dizer que o legado antifascista de sua obra é ela mesma. Aqui, não obstante, proponho olharmos com maior atenção para seu último trabalho, consolidador do seu pensamento – ainda hoje muito vivo – que se encontrava em versões e manuscritos esparsos e que compõem as dezoito teses *Sobre o conceito de história*. Buscarei expor e sustentar a convicção de que esses escritos são uma das maiores obras antifascistas do século XX.

Nas anotações e esboços para construção do manuscrito, Benjamin escreve sem rodeios: "É necessária uma teoria da história, a partir da qual se possa encarar o fascismo"[17].

---

[17] Walter Benjamin. *Sobre o conceito de história*. Edição Crítica. Organização e tradução de Adalberto Müller & Márcio Seligmann-Silva. São Paulo: Alameda, 2020, p. 176. Os organizadores indicam que esta frase foi "cortada pelo próprio Benjamin com linhas diagonais". Ela faz parte do que se convencionou chamar de "Arquivo II", que "é composto por fragmentos que remetem também aos estudos de Baudelaire. Ele é composto por papéis dos mais diversos tamanhos e tipos, uma vez que Benjamin utilizava todo tipo de superfície possível de ser escrita para deitar suas notas. Muitos desses papéis

Essa parte das anotações são constitutivas da tese VIII, em que a frase é desenvolvida plenamente como "Temos que chegar a um conceito de história que corresponda a essa ideia. Só então se perfilará diante dos nossos olhos, como nossa tarefa, a necessidade de provocar o verdadeiro estado de exceção; e assim a nossa posição na luta contra o fascismo melhorará", assim como são constitutivas, também, da tese IX[18], em que Benjamin introduz a figura do "anjo da história" a partir do desenho em nanquim de Paul Klee, "Angelus Novus". O anjo empurrado (para o futuro) pela tempestade do paraíso (progresso), que olha para as ruínas deixadas para trás (passado) com olhos esbugalhados e a boca escancarada.

Para além das reflexões sobre os tempos, a barbárie e a catástrofe, Walter Benjamin deixa um legado explícito em forma de base teórico-reflexiva: a proposta metodológica, chave para a leitura de outros processos históricos, a qual decidiu chamar por fim de materialismo histórico, apesar de ativamente reconstituir e criticar o método tradicional marxista. O materialismo histórico benjaminiano se diferencia deste último em alguns pontos que citaremos de forma a elucidar a questão do pro-

---

são costas de cartas, o que auxilia na datação, ainda que aproximada, dos fragmentos". M. Seligmann-Silva, Ibidem, p, 151, nota 32 (Nota da Autora).

[18] As teses podem ser lidas em diferentes edições. Aqui, nos servimos da edição de *O Anjo da História*. Organização e tradução de João Barrento. Belo Horizonte: Autêntica Editora, 2016, pp. 13-14 (N. d. A).

cedimento metodológico, não discutindo a fundo questões conceituais ou hermenêuticas.

O primeiro ponto é o esforço em "pentear a história a contrapelo", ou seja, romper com a tradição historiográfica que privilegia os vencedores em seu cortejo triunfal, deixando de lado os "despojos" que "também são levados no cortejo"[19]. Ou seja, é uma proposta de resgate, de contar uma outra história, fora da disputa sobre a sua pretensa verdade ou sua origem[20], mas aquela que dá conta da perspectiva dos vencidos.

O segundo propõe a quebra da história em continuidade para o entendimento de acontecimentos por meio de elementos temporais que são composições que, pensadas como objetivos de estudos, permitem uma forma de "presentificação". A substituição de um tempo "vazio e homogêneo" pelo tempo "preenchido pelo Agora (Jetztzeit)"[21], o tempo de resgate "das circunstâncias do passado [que] são a prova da verdade da ação presente"[22]. Isto significa usar como elementos para análise

---

[19] Ver tese VII (N. d. A.).

[20] O conceito de "origem" (*Ursprung*) foi completamente ressignificado nas primeiras páginas de *Origem do Drama Trágico Alemão* através da imagem do redemoinho ou turbilhão. Cf. Walter Benjamin. *Origem do Drama Trágico Alemão*, tradução de João Barrento. São Paulo: Autêntica Editora, 216, p. 34 (N. d. A.).

[21] Ver tese XIV (N. d. A.).

[22] Este trecho está presente nos fragmentos que compõem a obra das *Passagens*. Cf. Walter Benjamin. *Passagens*. Belo Horizonte; São Paulo: Editora UFMG; Imprensa Oficial, 2009 (N. d. A.).

não só o que é explícito, fontes oficiais, mas as pequenas marcas do acontecimento que se manifestam em forma de imagens dialéticas[23]. De forma simplificada, é um método que rende o rigor da observação dos grandes feitos em um esforço deliberado em resgatar uma história do que não está registrado, que ficou soterrado nas catástrofes dos acontecimentos. Esse método permite uma nova forma de análise, mas, acima de tudo, uma nova postura em relação à história, que, extrapolada para a vida, é uma postura antifascista em si.

Apesar de Benjamin ter pensado esse método a fim de combater o fascismo constitutivo da barbárie explícita do Terceiro Reich, este excede os limites históricos e a proposta inicial, podendo – e devendo – ser usado em outros momentos para outras formas de rememoração crítica. Um exemplo disso pode ser visto na reflexão de Michael Löwy sobre as possibilidades de aplicação do método para uma "nova abordagem" que "pode ser aplicada a todos os campos da ciência social", como o próprio autor buscou demonstrar em uma reflexão sobre a história da América Latina[24].

---

[23] O conceito de imagem dialética não foi propriamente trabalhado nas teses *Sobre o conceito de história*, mas está presente nas reflexões compiladas no trabalho das *Passagens*: "[...] o passado adquire o caráter de uma atualidade superior graças à imagem como a qual e através da qual é compreendido [...] Ou seja, ela acende o pavio do material explosivo que se situa no ocorrido". Cf. [K 2, 3] In, Walter Benjamin, *Passagens*, Op. Cit. (N. d. A.).

[24] Cf. Michael Löwy. *A Revolução é o Freio de Emergência: ensaios sobre Walter Benjamin*. Tradução de Paolo Colosso.

Na intenção de colocar em funcionamento o método, trago como exemplo uma pesquisa desenvolvida recentemente, na qual me debrucei – com o olhar materialista histórico particular de Benjamin – sobre o acontecimento que é o Instituto Inhotim em Brumadinho, Minas Gerais[25].

Esse *acontecimento* foi entendido como um paradigma[26] que passou a ser uma ilustração da constituição de um contexto histórico, um acontecimento que compreende e extrapola os limites de espaço e de tempo ao qual parece pertencer (uma montanha de acontecimentos em um tempo estático), bem a exemplo da proposta de Benjamin de tratar o objeto – o acontecimento – colocando a história em suspensão, quebrando um certo *continuum* (que, pensando para objeto do estudo em questão, foi chamado de *contemporâneo permanente*[27] a partir da reflexão sobre o espaço-tempo constitutivo do projeto artístico que é o Instituto Inhotim).

Dessa forma, pude pensar imagens e obras de arte como as imagens dialéticas que permitem tal rompimento, assimilando, ainda, esse

---

São Paulo: Autonomia Literária, 2019 (N. d. A.).

[25] Marcela Somensari Campana. Inhotim e o contemporâneo permanente. Dissertação de Mestrado. Programa de Pós-Graduação em Ciências Sociais da PUC-SP. Disponível em: https://tede2.pucsp.br/handle/handle/21901 (N. d. A.).

[26] Utilizo o termo paradigma no sentido das explicações de Giorgio Agamben em *Signatura rerum. Sobre o método.* São Paulo: Boitempo Editorial, 2019 (N. d. A.).

[27] Cf. Campana, 2018. Op. Cit, p. 104 (N. d. A.).

acontecimento à própria constituição da sociedade mineira e, por que não, brasileira. A questão do progresso, tão explícita na obra de Benjamin, é a constante do movimento de colonização por meio das bandeiras e da construção das cidades mineiras em geral (o que inclui Brumadinho). O progresso é a própria atividade mineradora, extrativista, que motiva a ocupação territorial dos invasores portugueses, promovendo uma "catástrofe sem fim, que incessantemente acumula ruínas sobre ruínas", literalmente, desde as primeiras ocupações colonizadoras, que usou mão de obra escravizada de indígenas, enquanto exterminou povos inteiros que resistiram, até a atividade mineradora extrativista atual, que foi responsável pela morte de aproximadamente 270 pessoas em janeiro de 2019 com o rompimento de uma barragem de rejeitos da Companhia Vale, em Brumadinho; mas também permitiu a construção do Instituto Inhotim, considerando que seu mecenas era dono de uma das maiores empresas ligadas à atividade mineradora.

Com essa relação entre mineração e a geração de acontecimentos, a teoria me permitiu entender o tempo presente não em suspensão, mas preso nesse acontecimento, que não cessa de acontecer. Um dos objetivos investigados para tal conclusão foi a obra de Claudia Andujar, com a qual, dentre outras, trabalhei. É esse acontecimento (a obra, na galeria/edifício, com seus textos de parede, dentro do Instituto Inhotim, localizado naquela cidade...) que promove a suspensão do tempo[28] e a rememoração, no reconhecimento de quem são os vencidos e os vencedores, resgatando a história que não pôde, ainda, ser contada.

Explico... A obra de Andujar é construída a partir da década de 1970, quando a fotógrafa passa períodos longos junto às comunidades do povo originário Yanomami que tem suas terras localizadas no que nós conhecemos como estado de Roraima. Claudia Andujar trata do genocídio que esteve em curso durante a ditadura civil-militar imposta pelo golpe de 1964, que recorreu ao terrorismo de estado contra os povos indígenas usando práticas institucionalizadas de extermínio, a fim de ocupar os territórios com pessoas outras, dispostas a usar a terra como se pretendia: gerando lucros, em nome do progresso produtor de catástrofes.

O acontecimento que Andujar retrata não pode ser isolado em um espaço-tempo específico (mesmo porque é um trabalho continuou mesmo depois da redemocratização). Dentro da lógica materialista histórica benjaminiana, pudemos compreender que esse acontecimento é um paradigma que ilumina o fato de que ele está em continuidade, desde o início da colonização. É um acontecimento que nunca cessou de se dar, que vem em permanência, com as justificativas e formas de operar que se constituíram desde o início

---

[28] *Idem*, p. 80 (N. d. A.).

do processo de colonização e se estendem até hoje ininterruptamente.

O acontecimento é movido e justificado pela lógica do progresso. A obra de arte de Andujar e sua exposição dentro do Inhotim são as imagens dialéticas, que nos permitem olhar para além do presente, construindo uma ponte para o passado, e recontar a história – antes em continuidade – agora em redenção.

Ou seja, a mesma atividade mineradora que ilustra o progresso, nos proporciona a possibilidade de ver a obra de Claudia Andujar (sendo fruto de seus vencedores, por meio da renda monopolista ligada à arte[29] que o mecenas-minerador cria), enquanto proporciona à artista o propósito de criá-la (o propósito dos vencidos, o testemunho da violência que os yanomami sofrem por parte da atividade mineradora e grilagem). A inserção da obra no Instituto Inhotim pode descaracterizar a profundidade crítica que a artista propõe, transformando a obra em uma obra asséptica. No entanto, para o olhar materialista histórico, a presença em acontecimento é suficiente para o rompimento da ordem da história em continuidade e estabelecimento da ação de recordação. Uma ação, em si, antifascista.

A crítica ao progresso e a forma de entendimento dos contextos em forma de objeto de estudo, permitem uma prática do que Benjamin desenhou como uma nova teoria

---

[29] Para mais acerca do conceito, cf. David Harvey. *A produção capitalista do espaço*. São Paulo: Annablume, 2005 (N. d. A.).

da história, mas, além disso, uma teoria que permite a ação – revolucionária – de compreensão e suspensão dessa ânsia destrutiva pelo progresso. É propositiva ao exigir que se pense sobre os acontecimentos para além da conjuntura ou momento histórico específico.

Por fim, já que o tema é o legado antifascista de Walter Benjamin, podemos entender a prática do método materialista histórico benjaminiano como uma prática de resgate – comportando-se "como um homem que escava"[30] – e redenção do passado tomado pelas catástrofes. É o chamado para que desenvolvamos essa capacidade única de resistência pessoal pela observação e pela escrita que Benjamin criou, para além do universo do pensamento tutelado pela academia, mas como forma de encarar e estender a mão ao que ficou do passado, permitindo, assim, a construção de um novo porvir, para além da lógica do progresso.

[30] Walter Benjamin. *Imagens do Pensamento. Sobre haxixe e outras drogas*. Tradução de João Barrento. São Paulo: Autêntica Editora, 2017, p. 101 (N. d. A.).

Nota do organizador

Walter Benjamin é um filósofo extensamente discutido na academia brasileira. Recebido no Brasil a partir da década de 1980, majoritária, sua obra encontrou repercussão principalmente a partir dos textos "A Obra de Arte na Era de sua Reprodutibilidade Técnica", "O Narrador" e "Sobre o Conceito de História". Foi em torno deste eixo, que a universidade brasileira apresentou ao mundo comentadores e estudiosos de renome internacional, e é possível dizer que, quarenta anos após sua recepção inicial, o Brasil está entre os países mais importantes no que toca ao estudo da obra benjaminiana. Se, de início, os estudos se deram ao redor, ainda que não exclusivamente, dos comentários às noções de arte, narratividade, memória e história, nos últimos anos, os estudos benjaminianos, graças à atenção e ao trabalho daqueles primeiros comentadores, vêm expandindo seu foco de interesse para tópicos mais variados como a linguagem, o mito e o direito. A intenção de "Walter Benjamin está Morto" é, antes de tudo, colaborar com essa expansão, provendo os leitores com fragmentos, marginália e comentários do próprio Benjamin sobre suas ideias. É preciso assumir que este talvez não seja um livro fácil. Não vemos, nele, qualquer tipo de linearidade ou continuidade. Isto, por si só, pode representar uma escolha feliz da editora, na medida em que fez dessa coletânea uma espécie de montagem, uma *collage* de tópicos selecionados para contribuírem aos textos que, entre nós, são, já, canônicos.

Além desta questão, diríamos, "técnica", em que visamos contribuir com tópicos clássicos da obra de Benjamin, procuramos, também, responder à crescente demanda pública da obra de Walter Benjamin. De fato, parece que o filósofo berlinense vem se tornando cada vez mais um autor de domínio público, na acepção mais literal do termo. Sua aparição em periódicos, referências à sua obra em peças artísticas e literárias parecem começar a ser mais abundantes, graças, também, a uma série de publicações de editoras renomadas e pioneiras do mercado editorial nacional. Com isto, procuramos somar esforços, de forma independente e autogerida, a este autor que já se tornou uma tradição transmitida de boca em boca, de pena em pena, no pensamento filosófico e social brasileiro.

Os temas escolhidos para esta publicação não se deram à toa. Procuramos manter uma constante relativa às discussões e comentários sobre a obra benjaminiana, mas, também, introduzir uma temática pouco discutida e que, seguindo os estudos desenvolvidos pelo organizador, é fundamental para a consideração geral do pensamento de Benjamin. Assim, à arte, política, história e crítica, soma-se a teoria do conhecimento, que abre a publicação com algumas considerações sobre o pensamento, o conhecimento, o saber e a experiência. A concepção editorial é a de que os fragmentos e textos selecionados colaborem com as reflexões temáticas que já se encontram consolidadas em nosso ambiente. Digno de nota, também, são certas considerações presentes em tais textos, nos quais podemos ver a preocupação de Benjamin com questões raramente abordadas de forma mais profunda. Nisto, sua evocação a Reclus e ao matriarcado primitivo, no ensaio sobre Bachofen, assim como a presença do "anarquismo ético" em seus fragmentos sobre o socialismo, mas também seu lampejo sobre a loucura e o pensamento, assim como a anedota sobre o jornalismo e a comparação entre o vagabundo de Chaplin e a masculinidade de Hitler, nos apresentam a face anarquista, fisiognômica e anedótica de Benjamin. São pensamentos livres, assistemáticos, que parecem ser resultado, à moda proustiana, de um fluxo de consciência do autor. Por vezes é possível imaginá-lo, cercado de livros no interior de seu refúgio suíço ou na Biblioteca Nacional Francesa, uma mão a coçar a testa, dando vazão, em garranchos góticos, séries de reflexões que procuravam responder à urgência do tempo.

De modo geral, a organização e tradução dos textos aqui presentes se dão como um projeto. Trata-se de atualizar, expandir e fornecer material que restitua Benjamin ao livre uso das ideias. Isto se dá não só pelo processo colaborativo de financiamento junto aos leitores e seguidores da Sobinfluencia Edições, mas pela compreensão de que, no âmbito geral do mercado editorial, os comentários, traduções, organizações e reflexões de autores como Walter Benjamin devem ser compreendidos como uma colaboração ao conhecimento e à reflexão sociais. Tarefa editorial colaborativa, portanto, em que procuramos contribuir e apresentar ao público um esforço pela construção conjunta de um pensamento crítico do tempo de agora. Em um momento em que as democracias, de que tanto falamos, titubeiam e cedem a pulsões fascistas de morte, nossa tarefa, unidos pelo pensamento, não pode ser menor do que a de assumir a responsabilidade pela emergência apresentada pelo tempo presente. Enquanto publicarmos livros que, se dependesse dos donos do poder, seriam queimados em fogaréus em praça pública, saberemos que estamos no caminho certo.

São Paulo, setembro de 2020

ler e caminhar podem salvar a sua vida ou te levar para a cadeia

Dados Internacionais de Catalogação na Publicação (CIP)
(Câmara Brasileira do Livro, SP, Brasil)

Walter Benjamin está morto / organização Gustavo Racy ;
[tradução Gustavo Racy]. -- São Paulo :
Sobinfluencia Edições, 2020.

ISBN 978-65-00-11057-9

1.Benjamin, Walter, 1892-1940 - Crítica e interpretação I. Racy, Gustavo.

20-47288 CDD-193

Índices para catálogo sistemático:

1. Benjamin : Filosofia alemã 193
Cibele Maria Dias - Bibliotecária - CRB-8/9427

Este livro é composto pelas fontes minion pro, neue haas grotesk display pro e foi impresso pela BMF no papel pólen soft 80g, com uma tiragem de 1.000 exemplares.